Languages of the
Middle Ages

Vol. 2

FIRST

MIDDLE ENGLISH PRIMER

EXTRACTS

FROM THE

ANCREN RIWLE AND ORMULUM

WITH GRAMMAR AND GLOSSARY

BY

HENRY SWEET, M.A.

Evolution Publishing
Bristol, Pennsylvania
2005

This is a digital reprinting of the 1884 edition.

Evolution Publishing
Bristol, Pennsylvania

Manufactured in the United States of America

ISBN 1-889758-70-1

PREFACE.

THE object of this work is not to afford a general survey of the Middle English dialects in their different periods, but rather to lay a firm foundation for such a survey by giving extracts from the two oldest texts which have been handed down in consistent, contemporary spellings representing pure and fixed dialects, one dialect being the direct descendant of the classical West Saxon of Alfred and Ælfric, the other the nearly direct ancestor of Modern English. The spellings of the MSS. have been preserved unchanged, or else given at the foot of the page, but diacritics have been added as guides to the quantity and quality of those sounds which are imperfectly distinguished in the MSS. The grammar and glossary are based entirely on the extracts, all comparison of the other M. E. dialects and periods being rigorously excluded, the two texts being also kept apart as much as possible.

Although I think it a great mistake to begin the study of M. E. without a previous elementary knowledge of Old E., such as may easily be acquired with the help of my *Anglo-Saxon Primer*, I have nevertheless adapted this work to the requirements of those who may take it up without any such preparation. These students will find it advisable to begin with the Ormulum instead of the Ancren Riwle.

The texts are based on the editions of Morton[1] and White[2], together with the collations of Kölbing in the Englische Studien (vol. i. p. 1 foll.) and the Jahrbücher für romanische und englische sprache und litteratur (xv. p. 180 foll.). I have followed Morton in basing my text on the MS. Cott. Nero A. 14, as being the only one in a pure Southern dialect, and am quite unable to agree with the objections raised to Morton's choice by Kölbing and others. The Cambridge Corpus MS. not only shows the influence of a Midland dialect, but gives (as far as I can judge at present) a much less accurate text than the Nero MS.

It must be understood that this first attempt consistently to mark the quality and quantity of the vowels in M. E. is only a tentative one, especially as regards the quantity. I am now inclined to mark the vowels in *-liche, wel, ȝet* (adv.), *lüt, lütel* as long, and to assume short vowels before certain consonant-combinations in the A. R., but have not been able to investigate the question fully as yet.

The extracts have been carefully chosen not only from a linguistic, but also from a literary and social-historical point of view. The student who has carefully worked through them will hardly need to be told that the A. R. is one of the most perfect models of simple, natural, eloquent prose in our language; without it indeed, the history of English prose from the close of the Old E. period down to the beginning of the seventeenth century would be little more than a dreary

---

[1] The Ancren Riwle, edited by James Morton. London: Camden Society, 1853.

[2] The Ormulum, with the notes and glossary of Dr. R. M. White, edited by Rev. R. Holt. Oxford: Clarendon Press, 1878.

blank. As a picture of contemporary life, manners, and feeling it cannot be over-estimated. The passage (p. 36) in which Christ is described as a Norman knight in homeliest English phrase is alone enough to give a vivid idea of that fusion of English and French traditions and sentiments which—in spite of *Ivanhoe*—was almost completely carried out by the beginning of the thirteenth century. The conclusion (p. 39) of the allegory of Christ's wooing of the soul is, on the other hand, thoroughly Old English in its combined picturesqueness and grandeur (comp. especially l. 26 foll.). Thoroughly English, too, though in a totally different way, is the humorous description of the troubles of the nun with her cow (p. 41) : how she curses when the cow is impounded, and yet has to pay the damages. Equally good is the description of the chattering nun (p. 19), and the comparison of her to a cackling hen. This, and many other passages, may be read with profit as well as amusement even at the present day.

Of the literary merits of the Ormulum little can be said, for it has none whatever. The author was, in fact, a spelling-reformer and philologist who mistook his vocation. The Old E. picturesqueness and power disappears entirely from his verse together with the traditional alliteration, and the only compensation is a dry, practical directness of style and metre which is anything but poetical. The only passage in our extracts that shows any trace of poetry is, perhaps, the description of the lamb (p. 68).

In conclusion, I have to express the wish that those who make use of this book either as teachers or students will kindly favour me with such corrections, additions, and criticisms as I can utilize in the event of a second edition being called for. As I have never had any opportunity of teaching English systematically, I am obliged to rely mainly on the experience of others.

HENRY SWEET.

Heath Street, Hampstead,
September 8, 1884.

ADDITIONS.

Page 2, line 8, *y* has the value of *i*.

l. 24. Short *e* was probably lengthened before certain consonant combinations (p. 6), as in *ĕnde* 'end'; the resulting long vowel, which was distinct from *ę̄* (being less broad) is denoted by italic *ē* in the extracts and glossary.

p. 3, ll. 1, 3. Add the diphthongs *ę̄u, ēou*, as *unþeauwes* 'vices,' *trēou* 'tree.'

p. 8, l. 28. Add *wümmon* 'woman,' plur. *wümmen*.

p. 10, l. 3. *rūh* 'rough,' inflects *rūwe*.

p. 44, l. 33. *j* has the sound of our consonant *y*, as in *Jūdissk* 'Jewish.'

ERRATA.

Page	1	line	4	*for* twelfth	*read*	thirteenth.
,,	3	,,	23	,, long	,,	with long *n*.
,,	37	,,	14	,, acwiten	,,	acwīten.
,,	47	,,	12	,, forþedd	,,	fŏrþedd.
			14	,, lāre	,,	láre.
,,	48	,,	25	,, forþedd	,,	fŏrþedd.
			44	,, rīme	,,	ríme.

CONTENTS.

ANCREN RIWLE.

—

GRAMMAR.

THE Early Middle English of the beginning of the twelfth century was spoken, like Old English, in four chief dialects, the *Northumbrian, Midland, Southern,* and *Kentish.* The Southern (strictly South-Western) dialect of the Ancren Riwle, probably that of Dorsetshire, represents geographically the Old West-Saxon, and especially the Late West-Saxon of Ælfric. In its sounds, however, it is a mixed dialect, show-ing strong Midland influence.

The most important change that took place in M. E. was the levelling of the old inflectional vowels under *e*, which led to a partial break-up of the O. E. inflectional system. These changes were no doubt accelerated by the Danish ·and Norman conquests, which also introduced many Norse and French words into the language.

SPELLING.

The influence of French spelling begins to show itself almost before the Conquest. In the A. R. it is strongly marked. We find the sound of O. E. *y* expressed by the French *u*, that of *f* by *v*, guttural and palatal *c* distinguished as *k* and *ch*—all French influence, which also caused the dis-

R

use of the O. E. *æ*. The general result of all this was, that
M. E. spelling became more and more ambiguous and un-
phonetic, although the spelling of the A. R. is much less
unphonetic than that of Chaucer. The following are the
letters and digraphs (denoting simple sounds) used in the
MS. of the A. R.: *a, b, c, ch, d, ð, e, ea, eo, f, g, ȝ, h, i, k, l,
m, n, o, oa, p, qu* (rare), *r, s, sc, sch, t, þ, u, ui, v, w, x,
y* (rare), *z* (rare). In this book the spelling of the early
thirteenth-century MS. is kept unaltered, except that where
v is used to denote a vowel it is written *u*, and where *i* and
u are used to denote consonants they are written *j* and *v*
respectively, and that *þ* is printed uniformly both for the *þ*
and *ð* of the MS., which employs both of them indis-
criminately. Diacritical marks have also been added to
some of the letters to distinguish their sounds, giving the
following additional letters : *ę, ǫ, ü, ġ*, long vowels being
marked (¯).

The following table will show the probable pronunciation
of the vowels and diphthongs :—

a	al (*all*)	*as in*	father (*but short*)
ā	dāme (*lady*)	,,	father
ai	dai (*day*)	,,	m*y* (*but broader*)
au	drauhþ (*draws*)	,,	no*w* (*but broader*)
e	men (*men*)	,,	men
	stille[1] (*still*)	,,	fath*er*
ę	ęfter (*after*)	,,	m*a*n
ē	dēd (*deed*)	,,	s*ee* (*German*)
ę̄, ea	lę̄ren, learen (*teach*)	,,	th*ere*
ei	eie (*fear*)	,,	w*ay* (*but broader*)
ęi	męi (*may*)		
ēi	ēie (*eye*)		w*ay*

[1] Unaccented.

ẹ̄i	ẹ̄i (*egg*)		
eo	ȝeove (*gift*) ,,		pe*ur* (*French, but short*)
ēo	vēond (*fiend*) ,,		pe*u* (*French*)
i	sitten (*sit*) ,,		s*i*t
ī	wīn (*wine*) ,,		w*ee*n
o	hope (*hope*) ,,		h*o*p
ō	bōc (*book*) ,,		s*o*hn (*German*)
ọ̄, oa	mọ̄re, moare (*more*) ,,		m*o*re
oi	noise (*noise*) ,,		n*oi*se
ou	wrouhte (*wrought*) ,,		n*o* (*but broader*)
ōu	wōuh (*perverse*) ,,		n*o*
ọ̄u	ọ̄uh (*ought*)		
u	sunne (*sun*) ,,		f*u*ll
ū	ūt (*out*) ,,		f*oo*l
ü	sünne (*sin*)		(=*short* ǖ)
ǖ, ui	hüren, huiren (*hire*) ,,		l*u*ne (*French*)

As regards the consonants, it is necessary to pronounce the double ones really double, as in E. 'penknife,' distinguished from 'penny'=respectively *pennaif, peni*. So in M. E. *sunne* 'sun' must be distinguished from *sune* 'son.'

The O. E. distinction between double and single final consonants was lost in M. E., O. E. *in* and *inn* being both written *in*, and pronounced long, as in Mod. E.

The following consonants require special notice.

s, þ and *f* had the voiced sounds, *z, dh, v,* initially and finally, except, of course, in such combinations as *st, ft,* &c., and in *ss, ff* (*þþ* in *wrẹ̄þþe* 'wroth,' was probably voiced). *v* is always written for voiced *f* medially, and often also initially, as in *heovene* 'heaven,' *forþ, vorþ* 'forth.' Finally *f* is always written, as in *līf* 'life,' to prevent confusion with the vowel *u*. In words of French origin *s* and *f* probably had their present sounds, as in *servīse* 'service,' pronounced *servīze, fę̄ste* 'feast.'   *z* is only written in French words, such as *avez* 'aves' (plur.), where it had the sound of *z*. In *salūz* 'salvation' it probably had the sound of *ts*.   *sc* was used for *ss* not only in French words, such as *lescūn* 'lesson,' but also in E. ones, such as *blescien* 'bless,' *bliscien* 'gladden.' *sch* had the sound of *sh*, *sche* being written for it in *scheort* 'short,' *scheomeful* 'shameful.'

h had the sound of Germ. *ch* in *ach* everywhere except initially, as in *drauhþ, wōuh*; after a palatal vowel (*e, i*) it probably had that of *ch* in G. *ich*, as in *hēïh* 'high.'   *ch* had, no doubt, nearly if not quite the sound of E. *ch* in *child = tsh*, double in *cch*, nearly = *ttsh*, as in *strecchen* 'stretch.'   *c* had the sound of *s* in the French *temptaciūn* 'temptation,' &c., and also in the E. spellings *epcēne, seldcēne* 'easily-seen,' 'rarely-seen.'   *k* was generally written instead of *c* before *e* and *i*, but also in other cases.   *ġ* and *j* in French words had the sound of *dzh* (or very near it), as in Mod. E., and *ġġ* had this sound doubled (comp. *cch*) in such E. words as *siġġen* 'say.'   *ġ* also occurred in E. words in the combination *ng*, as in *swenġe* 'stroke.'   ʒ (the O. E. form of *g*) had the sound of our cons. *y*, as in *ʒung* 'young.'

ph in the French *prophēte* had, of course, the sound of *f*, and *p* was silent in *psalm-würhte* 'psalm-wright, psalmist.'

PHONOLOGY.

It has been shown that many of the changes from Old to Middle E. are changes of spelling only.

VOWELS.

Of real sound-changes (besides the levelling of inflectional vowels, p. 1, above), the most important are the following.

The old diphthongs *ea, ĕa, eo, ēo* became monophthongic, *ea* being levelled under O. E. *æ*, written *e* in M. E., and *ēa* under O. E. *ǣ*, so that such a pair as the O. E. *heard* and *þæt* were both pronounced with the same vowel, and were accordingly both written with *e* (=*ę*); and such a pair as O. E. *dēad* and *lǣran* were both pronounced with the corre-sponding long vowel, which was accordingly written in-differently *ea* or *e* (=*ę̄*), so that these two words could be written either *ded, leren,* or *dead, learen, ea* being restricted to the *long* sound, and not employed for the short *ę.* *eo* and *ēo* were simplified in a similar way, but the resulting labial vowels were soon delabialized into *e* and *ē.*

But new diphthongs were developed in M. E. (to some extent already in O. E.)

(1) By weakening of O. E. *g,* which itself was an open consonant (=German *g* in *sagen*) medially and finally. O. E. *g* became *i* after palatal vowels, as in *wei* (O. E. *weg*) 'way,' *męi (mæg)* 'may,' *vēien (fēgan)* 'join,' being itself absorbed after *i,* as in *stīen (stīgan)* 'ascend,' *istīen (gestigen)* 'ascended.' After guttural vowels it became *w,* as in *drawen (dragan)* 'draw,' *ǫwen (āgan)* 'owe,' *bowe (boga)* 'bow' sb., *būwen (būgan)* 'bow' vb., giving combinations which are scarcely distinguishable from diphthongs, being itself absorbed after *u,* as in *vūel (fugol)* 'bird.'

(2) By the development of *i* before palatal *h,* and of *u* before guttural *h* and *w* (=̇O. E. *g* and *w*): *hēih* (Mercian *hēh*) 'high,' *seiht (seht)* 'peace'; *ǫuh (āh)* 'owes,' *brouhte (brohte)* 'brought,' *tōuward (tōweard)* 'towards,' *scheauwen (scēawian)* 'show.' Before O. E. palatal *nc* in *leinten (lencten)* 'spring,' *acweinte (ācwencte)* 'quenched.'

Of the other vowel-changes the most important is that of O. E. *ā* into the broad *ǭ,* which was often written *oa,* as in *moare, more (māre)* 'more,' *woa, wo (wā)* 'woe.' The result was that *ā* occurs only in French words, such as *dāme, blāmen.*

Short vowels were lengthened before *ld, ng, nd, mb, rd* and in other more doubtful cases (the lengthening having begun in O. E.), as in *tọlde* (Mercian *tālde*) 'told,' *chīld* 'child,' *lọng (lang, long)* 'long,' *vīnden* 'find,' *clīmben* 'climb,' *wōrd* 'word.' Not before *lt, lp, nt,* &c.: cp. *họlden* 'to hold' with pres. *halt* 'holds.'

Consonant influence showed itself in other ways. *w* changes *ẹ* into *a*: *water (wæter)* 'water,' *hwat (hwæt)* 'what,' *ward (weard)* 'guardian.' Palatal *h* changes *e* to *i*: *briht, (beorht, breht)* 'bright,' *vihten* (Mercian *fehtan*) 'fight,' *līen (lēogan,* Mercian *lēgan)* 'tell lies,' *drīen* (Mercian *drēgan*) 'suffer.'

CONSONANTS.

Original single consonants are sometimes doubled between vowels, especially *m*, as in *summe* (O. E. *sumum*) dat. of *sum* 'some (one).' Also in *wunnunge* 'dwelling,' *iwarre,* plur. 'wary.' Original double consonants are, on the other hand, simplified in unaccented syllables, as in the plur. *sünfule (synfulle)* 'sinful,' the dat. *wümmone (wīfmanne)* 'woman.'

O. E. consonants are sometimes dropped, as in *hwüch, swüch (hwylc, swylc)* 'which,' 'such,' *ase=alsọ (ealswā)* 'so, as.' The unaccented monosyllables *ich (ic)* 'I,' *on* 'on,' *in* 'in,' *an* 'on, an (indef. art.),' together with the unshortened *ọn* 'one,' often drop their consonants. So also in *me (man)* the unaccented form of *mon* 'man,' which is used in the indefinite sense of 'one,' 'they.'

When final *t* or *d* is followed by *þ* beginning another word (generally a pronominal word or a particle), the two consonants were regularly assimilated together, becoming *tt*, and this change is often carried out in writing: *ant te=and þe*, *mit te=mid þe*.

INFLECTIONS.

SUBSTANTIVES.

In the A. R. the threefold distinction of gender in the names of things as well as of living beings is still partially kept up, although the frequent dropping of the inflections of the articles and adjectives makes it difficult to distinguish them. The natural fem. gender of *wümmon* and *lēofmon* 'sweetheart,' begins to prevail over the grammatical masc., these words taking the pronoun *hēo* 'she.'

The following are the inflections, those which are liable to be dropped being in ( ):—

SINGULAR.

	Strong Masc.	*Strong Neut.*	*Fem.*
Nom.	wei (*way*)	wōrd (*word*)	chirche (*church*)
Acc.	wei	wōrd	chirche
Dat.	wei(e)	wōrd(e)	chirche
Gen.	weies	wōrdes	chirche

PLURAL.

Nom.,Acc.	weies	wōrdes, wōrd	chirchen
Dat.	weies	wōrdes	chirchen
Gen.	weies, weie(ne)	wōrdes, worde(ne)	chirchen(e)

SINGULAR.

	Weak Masc.	*Weak Neut.*
Nom.	ivēre (*companion*)	ēie (*eye*)
Acc.	ivēre	ēie
Dat.	ivēre	ēie
Gen.	ivēre	ēie

PLURAL.

Nom., Acc.	ivēren	ēien
Dat.	ivēren	ēien
Gen.	ivēren(e)	ēien(e)

In *vōr sīþen* 'four times' we have a remnant of the old dat. plur. in *-um*.

Many feminines, such as *hǫnd* 'hand,' do not take *e* in the nom. sing   Feminines rarely take *-es* in the gen. sing., the plur. neuters with a short root-syllable (short vowel + single cons.) generally take *-en* in the plural: *ȝet* 'gate,' pl. *ȝeten.* So also the original neuters *trēo, dēovel* have plur. *trēon, dēoflen.* *bede* (O. E. neuter *gebed*) takes *e* in the nom. sing. French polysyllables take *s* instead of *es*: *parlūrs* 'of a parlour,' *dettūrs* 'debtors,' *passiūns* 'passions.'

Such words as *engel* 'angel,' *wunder* 'wonder,' throw out their unaccented vowel before an inflectional one: *engle, wundres.*

dęi (O. E. *dæg*) has plur. *dawes* (*dagas*). *vader, mōder, brōþer, süster* are generally unaltered in the sing.   The last two have their plurals *brēþren, süstren.* *vrēond* 'friend' is unchanged in the nom. acc. pl., as also *niht* 'night.' *ęi* 'egg,' has plur. *ęiren.* *mon* 'man,' *vōt* 'foot,' have their plur. *men, vēt.*

ADJECTIVES.

Adjectives retain the distinction between strong and weak, the latter form being used after the definite article, demonstratives, and defining words generally, but there is much confusion.

Strong.

SINGULAR.

	Masc.	*Neut.*	*Fem.*
Nom.	gōd, gōde (*good*)	gōd	gōd, gōde
Acc.	gōd	gōd	gōde
Dat.	gōd(e)	gōd(e)	gōd(e)
Gen.	gōd(e)	gōd(e)	gōd(e)

PLURAL.

Nom., Acc.	gōde
Dat.	gōde
Gen.	gōde, alre.

When an adj. stands without a subst. it sometimes has a gen. sing. in *-es* in the fem. as well as masc. and neut.

Weak.

SINGULAR.

Weak Masc., Fem., Neut.

Nom.	gōde
Acc.	gōde
Dat.	gōde
Gen.	gōde

PLURAL.

Nom., Acc.	gōde
Dat.	gōde
Gen.	gōde

The *e* of the weak form seems to be dropped only after an unaccented syllable, as in *hǫli(e)* 'holy,' *bitter* (for *bittre*).

The comparative and superlative are formed by adding *-(e)re, -est*.

-lich becomes *-lükest* in the superl.: *lǫdlich* 'hateful,' *lǫd-lükest. grētest* 'greatest,' is contracted to *grēst. hǫt* 'hot,' shortens its vowel in the comp. *hattre*.

PRONOUNS AND GENERAL ADJECTIVES.

The personal pronouns have only two cases, *nominative* and *oblique* (which is mainly the O. E. dative, but is used as an acc. as well as a dat.), and are declined thus :—

SINGULAR.

Nom.	ich, ī (*I*)	þū (*thou*)
Obl.	mē	þē

PLURAL.

Nom.	wē	ȝē
Obl.	us	ōu

SINGULAR.

	Masc.	*Neut.*	*Fem.*
Nom.	hē (*he*)	hit (*it*)	hēo (*she*)
Obl.	him, hine	him	hire

PLURAL.

Nom.	hēo
Obl.	heom, ham

The reflexive pronoun is often the simple pronoun, as in *hǫlde hire stille !* 'let her keep herself quiet.' Generally, however, *sülf* 'self' is used. It is joined to the possessives of the first two persons and to the oblique (dative) case of the third person, the form *sülven* being also used in the nom. as well as the obl. case : *þī-sülf, þī-sülven, him-sülf, him-sülven, ham-sülven*.

The possessives are *mī(n)*, *þī(n)*, *his* (masc. and neut.), *hire* (her); *ūre*, *ōwer* (*ōur*, *ōur*, inflected *ōure*), *hore*. They are all (including *his*) declined like other adjectives. *mīn* and *þīn* drop their *n* before a consonant.

The definite article is declined thus:—

SINGULAR.

	Masc.	*Neut.*	*Fem.*
Nom.	þe	þet, þe	þēo, þe
Acc.	þene, þe	þet, þe	þēo, þe
Dat.	þen, þe	þen, þe	þer, þe
Gen.	þes, þe	þes, þe	þer, þe

PLURAL.

Nom., Acc.	þēo, þe
Dat.	þēo, þe (þen)
Gen.	þēo, þe (þer)

þē (with long *ē*) is also used as a pers. pron. when followed by the relative *þe*: *þē þe* 'he who,' *þēo þe* 'she who,' 'they who.'

þis 'this,' is declined thus:—

SINGULAR.

	Masc.	*Neut.*	*Fem.*
Nom.	þes	þis	þēos
Acc.		þis	þēos
Dat.	þisse	þisse	þisse
Gen.			þisse

PLURAL.

Nom., Acc.	þēos
Dat.	þēos, þissen
Gen.	þēos

The relatives are þe and þet, both undeclined in gender, number, and case. *hwat* is also used as a relative, as in Mod. E.

Indefinites are formed by adding *se=sǭ* 'so' to the interrogatives *hwǭ, hwat, hwęþer* 'which of the two,' *hwǭ-se* 'whoever,' *hwęþer-se* 'whoever of the two.' *an*, a shortening of *ǭn* 'one,' is used as an indefinite article, and is declined like an adjective. Both *an* and *ǫn* drop their *n* before a consonant, as also does *nǭn* 'none,' which has an acc. sing. masc. *nenne*. *ēni, ēi* 'any' is also declined like an adjective. *ōþer* 'other' keeps the strong form after þe : þet ōþer, &c.

VERBS.

There are two classes of verbs, strong and weak, the former being conjugated by means of vowel-change in the root, the latter by the addition of *d* (*t*).

The following are the general endings :—

			INDICATIVE.	SUBJUNCTIVE.
Pres. sing.	1.	bīnde 'bind'	bīnde
	2.	bintst	bīnde
	3.	bint	bīnde
plur.		bīndeþ	bīnden
Pret. sing.	1.	bǭnd	būnde
	2.	būnde	būndest
	3.	bǭnd	būnde
plur.		būnden	būnden

Imper. sing. bīnd ; *plur.* bīndeþ. *Infin.* bīnde(n). *Part. pres.* bīndinde ; *pret.* ibūnde(n). *Gerund* to bīnden(e).

The plur. drops its þ and *n* when the pron. immediately follows its verb instead of preceding it: *bīnde ȝē*, imper., *bŭnde ȝē.* The pret. partic. regularly prefixes *i-* (=O. E. *ge-*), unless it already has a prefix of the same character.

STRONG VERBS.

In these the 2nd sing. pret. indic. and the whole pret. subj. always have the vowel of the pret. plur. indic.

The 3rd pers. sing. of the pres. indic. is sometimes full *-eþ*, as in *līeþ* 'tells lies,' *spekeþ* 'speaks,' but is often contracted, as in *sleāþ* 'slays,' *berþ* 'bears.' After *t* it is lost, as in *sit* 'sits,' from *sitten.* It changes *d* into *t*, and is dropped itself, as in *tret* 'treads,' from *treden*, *stont* 'stands,' from *stǫnden*, *ȝelt* 'pays' from *ȝelden*, *ivint* 'finds' from *ivīnden*, the vowel being generally shortened.

STRONG VERBS.

The following strong verbs occur in our extracts (those only being given which show forms with a vowel different from that of the infinitive) :—

I. 'Fall'-conjugation.

INFINITIVE.	THIRD PRES.	PRET. SING.	PRET. PL.	PART. PRET.
hǫlden (*hold*)	halt	hēold	hēolden	ihǫlden.
vǫngen vōn[1] (*receive*)		vēng	vēngen	vǫngen.

II. 'Drink'-conjugation.

ivīnden (*find*)	ivint	ivǫnd	ivūnden	ivūnden
biginnen (*begin*)	.. ..	bigon	bigunnen	bigunne(n)
delven (*dig*)	.. ..	.. ..	dulven	dolven
helpen (*help*)	.. ..	.. ..	.. ..	holpen
ceorven (*cut*)	.. ..	kęrf	kurven	.. ..
worpen (*throw*)	.. ..	węrp	wurpen	worpen

[1] Plur. indic. *vōþ*, *vō(ȝē)* ; imper. sing. *vō*, *vǫng*.

III.   'Bear'-conjugation.

beren (*bear*)	berþ	bęr	bēren	boren
breken (*break*)	.. ..	bręc	brēken	broken

IV.   'Give'-conjugation.

ȝiven (*give*)	.. ..	ȝęf	ȝēven	iȝiven
cweþen (*say*)	.. ..	cwęþ	.. ..	.. ..
biȝeten (*get*)	biȝit	.. ..	.. ..	.. ..
speken (*speak*)	spekeþ	spęc	.. ..	.. ..
liġġen (*lie*)	līþ	lęi	lēien	.. ..
sitten (*sit*)	sit	sęt	sēten	.. ..
isēon (*see*)	isihþ	isęih	isēien	iseien

V.   'Drive'-conjugation.

schrīven (*confess*)	.. ..	schrǫf	schriven	ischriven
strīven (*strive*)	.. ..	strǫf	. . ..	.. ..

VI.   'Choose'-conjugation.

bēoden (*offer*)	. . . .	będ	.. ..	.. ..
vorlēsen (*lose*)	.. ..	vorlęs	vorluren	vorloren
vlīen (*flee*)	.. ..	.. ..	vluwen	.. ..
līen (*tell lies*)	.. ..	.. ..	.. ..	ilowen
wrīen (*cover*)	.. ..	wrēih	.. ..	iwrīen
būwen (*bow*)	būhþ	bēih	.. ..	.. ..

VII.   'Shake'-conjugation.

drawen (*draw*)	drauhþ	drōuh	drōwen	idrawen
stǫnden (*stand*)	stont	stōd	stōden	istǫnden
cumen (*come*)	cumeþ	cōm	cōmen	icumen
slēan (*slay*)	slēaþ	slōuh	slōwen	isleien

hebben 'lift,' which in O. E. belongs to this conjugation, has pret. *hęf*.

WEAK VERBS.

There are two conjugations of weak verbs: (1) those with inf. *-en*; (2) those with inf. *-ien*.

Conjugation I.

The pret. and partic. pret. are formed by adding *-de* and *-(e)d*, *-lld-* being written *-ld-*, and *-ndd-* becoming *-nd-*. After *t* and other voiceless consonants the *d* becomes *t*, and *-llt-* becomes *-lt-*. The 2nd and 3rd sing. pres. indic. are contracted in the same way as in the strong verbs.

(*a*) 'Hear'-*class*.

		INDICATIVE.	SUBJUNCTIVE.
Pres. sing.	1.	hēre (*hear*)	hēre
	2.	hēr(e)st	hēre
	3.	hēr(e)þ	hēre
plur.		hēreþ	hēren
Pret. sing.	1.	hērde	hērde
	2.	hērdest	hērdest
	3.	hērde	hērden
plur.		hērden	hērden

Imper. sing. hēre : *plur.* hēreþ.   *Infin.* hēren.
Part. pres. hērinde ; *pret.* ihēr(e)d.

Other examples are :—

lęren (*teach*)	lęreþ	lęrde	ilęred, ilęrd
ilēven (*believe*)	ilēveþ	ilēvde	ilēved
wenden (*turn, go*)	went	wende	iwend
spēten (*spit*)	spēt	spētte	ispēt
setten (*set*)	set	sette	iset

lēden 'lead,' and *lēten* 'let,' shorten in the pret.: *lędde, lette,* *setten* 'set,' has imper. sing. *sete.* *kūþen* 'make known,' has pret. partic. *ikǖd*; *leġġen* has pret. partic. *ileid*; *siġġen* ' say,' has 3rd pers. *seiþ,* pret. *seide,* partic. *iseid,* imper. *seie* and *siġġe*; *acwenchen* 'quench,' has pret. *acweinte*; *strecchen* 'stretch,' has partic. pret. *istreiht*; *nemnen* ' name,' has imper. sing. *nem.*

(*b*).　'Seek '-*class.*

tellen (*tell*)	telleþ	tǭlde	itǭld
þenchen (*think*)[1]	.. ..	þouhte	iþouht
büġġen (*buy*)	büþ	bouhte	ibouht
þünchen (*seem*)	.. ..	þuhte	iþuht
würchen (*work*)	.. ..	wrouhte	iwrouht

Conjugation II.

		INDICATIVE.	SUBJUNCTIVE.
Pres. sing.	1.	luvie (*love*)	luvie
	2.	luvest	luvie
	3.	luveþ	luvie
plur.		luvieþ	luvien
Pret. sing.	1.	luvede	luvede
	2.	luvedes	luvedes
	3.	luvede	luvede
plur.		luvede	luveden

Imper. sing. luve; *pl.* luvieþ.　　*Infin.* luvien.

Part. pres. luvi(i)nde ; *pret.* iluved.

The *i* is often omitted in these verbs. *luvie* sometimes becomes *luvi*.

habben ' have' (*nabben* 'have not') shows a mixture of forms of both conjugations.

---

[1] Imper. *þenc(h).*

	INDICATIVE.	SUBJUNCTIVE.
Pres. sing. 1.	habbe	habbe
2.	havest	habbe
3.	haveþ	habbe
plur.	habbeþ	habben

Pret. hęfde, hęvede.

Imper. sing. have; *plur.* habbeþ.   *Infin.* habben.

STRONG-WEAK VERBS.

These have for their present an old strong preterite, from which a new preterite is formed.

	INDICATIVE.	SUBJUNCTIVE.
Pres. sing. 1.	con (*can*)	cunne
2.	const	cunne
3.	con	cunne
plur.	cunnen	cunnen
Pret.	cūþe.	*Infin.* cunnen.

The others are :—

wǫt 'know,' 'guard,' pl. *witeþ, wüteþ*; pret. *wüste*. So also *nǫt* 'knows not.'

ǫuh 'owes,' 'ought,' *ǫwen*; *ǫuhte*.

mōt 'may,' 'must,' *mōten*; *mōste*.

męi 'can,' 'may,' *þū miht, męiht, muwen*; *mühte*.

schal 'shall,' *þū schalt, schulen, schullen*; *schulde*.

A similar verb is *wüllen* 'will,' *nüllen* 'will not.'

	INDICATIVE.	SUBJUNCTIVE.
Pres. sing. 1.	wüle, wülle, ichülle (nülle)	wüle
2.	wilt, wült (nült)	wüle
3.	wüle	wüle
plur.	wülleþ	wüllen
Pret.	wolde	

c

ANOMALOUS VERBS.

1. bēon, ' be.'

		INDICATIVE.	SUBJUNCTIVE.
Pres. sing.	1.	am (nam)	bēo
	2.	ẹrt	bēo
	3.	is (nis)	bēo
plur.		bēoþ, bōþ	bēon
Pret. sing.	1.	was	wēre
	2.	wēre (nēre)	wēre
	3.	was	wēre
plur.		wēren	wēren

Imper. sing. bēo ; *plur.* bēoþ.   *Infin.* bēon.

2. dōn, ' do.'

		INDICATIVE.	SUBJUNCTIVE.
Pres. sing.	1.	dō	dō
	2.	dēst	dō
	3.	dēþ	dō
plur.		dōþ	dōn
Pret.		düde	

Imper. sing. dō : *plur.* dōþ.   *Infin.* dōn.
Part. pres. dōnde ; *pret.* idōn.

3. gǭn, ' go.'

		INDICATIVE.	SUBJUNCTIVE.
Pres. sing.	1.	gǭ	gǭ
	2.	gẹ̄st	gǭ
	3.	gẹ̄þ	gǭ
plur.		gǭþ	gǭn
Pret.		ēode	

Imper. sing. gǭ ; *plur.* gǭþ.   *Infin* gōn.

EXTRACTS.

SPEECH.

On alre-ērest, hwon ȝē schulen tō ōure parlūres þürle, iwiteþ
ęt ōwer męiden hwǫ hit bēo þęt is icumen, vor swüch hit męi
bēon þęt ȝē schulen aschunien[1] ōu ; &[2] hwon ȝē alles mōten
vorþ, creoiseþ ful ȝēorne ōur mūþ, ēaren, & ēien, & te brēoste
ēke ; & gǫþ forþ mid Godes dręde tō prēoste. On ęrest 5
siġġeþ *confiteor*, & þēr-ęfter *benedicite*. Þęt hē ǫuh tō siġġen,
hērcneþ his wōrdes, & sitteþ al stille, þęt, hwon hē parteþ[3]
vrom ōu, þęt hē ne cunne ōwer gōd, ne ōwer üvel nǫuþer ;
ne hē ne cunne ōu nǫuþer blāmen ne preisen. Sum is sǫ
wel ilęred, ǫþer se wīs-iwōrded, þęt hēo wolde þęt hē wüste 10
hit ; þe sit & spekeþ tōuward him, & ȝelt him wōrd aȝein
wōrd, & bicumeþ meister, þe schulde bēon ancre ; & leareþ
him þęt is icumen tō lęren hire : wolde bī hire tale sōne bēon
mit te wīse icüd & icnǫwen. Icnǫwen hēo is wel, vor þurh
þęt ilke þęt hēo wēneþ tō bēon wīs ihǫlden, hē understont 15
þęt hēo is sot. Vor hēo hunteþ ęfter prīs, & kęccheþ lastunge.
Vor ęt te laste, hwon hē is iwēnd a-wei, 'þēos ancre,' hē
wüle siġġen, 'is of müchele spēche.' Ēve hēold ine paraīs
lǫnge tale mid te nęddre, & tǫlde hire al þęt lescūn þęt God
hire hęfde ilęred & Adām of þen ępple ; & sǫ þe vēond þurh 20
hire wōrd understōd an-ǫn-riht hire wǫcnesse, & ivǫnd wei
tōuward hire of hire vorlorenesse. Ūre lęfdi, Seinte Mārie,

---

[1] asunien.   [2] = and, ant.   [3] parted.

düde al an ōþer wīse : ne tōlde hēo þen engle nōne tale, auh
askede him þīng scheortliche þęt hēo ne kūþe. Ӡē, mīne
lēove süstren, voleweþ ūre lęfdi, & nōut þe kakele Ēve.
Vor-þī ancre, hwat se hēo bēo, alse müchel ase hēo ęuer con
5 & męi, hōlde hire stille : nabbe hēo nōut henne kūnde. Þe
hen, hwon hēo haveþ ileid, ne con būten kakelen. And
hwat biӡit hēo þēr-of? Kumeþ þe cōue anōn-riht & rēveþ
hire hire ęiren, & fret al þęt of hwat hēo schulde vorþ-brīngen
hire cwike briddes ; & riht alsō þe lüþere cōue, dēovel, berþ
10 a-wei vrom[1] þe kakelinde ancren & vorswoluweþ al þęt gōd
þęt hēo istrēoned habbeþ, þęt schulden ase briddes beren ham
up tōuward heovene, ӡif hit nēre icakeled. Þe wręcche[2]
peoddare mōre noise hē makeþ tō ӡēien his sōpe, þen a rīche
mercēr al his dēorewurþe ware. Tō summe gōstliche monne
15 þęt ӡē bēoþ trūsti[3] uppen, ase ӡē muwen bēon of lüt, gōd is
þęt ӡē asken rēd, & salve þęt hē tęche ōu tōӡeines fōndunges,
& ine schrifte scheaweþ him, ӡif hē wüle ihēren, ōwer gręste
& ōwer lōdlükeste sünnen, vor-þī-þęt him arēowe ōu ; & þurh
þe birēounesse crīe Crīst inwardliche mercī vor ōu, & habbe
20 ōu ine mūnde & in his bōnen. *Sed multi veniunt ad vos in*
vestimentis ovium ; intrinsecus autem sunt lupi rapaces. 'Auh
witeþ ōu, & bēoþ iwarre,' hē seiþ, ūre Lǫverd, 'vor monie
cumeþ tō ōu ischrŭd mid lōmbes flēose, & bēoþ wōde wulves.'
Worldliche men ilēveþ lüt[4] ; reliġiūse ӡet lęsse. Ne wilnie
25 ӡē nōut tō müchel hore kūþlęchunge. Ēve wiþūte dręde
spęc mit te nęddre. Ūre lęfdi was ofdręd of Gabriēles
spēche.

    Wiþūte witnesse of wēopmon ōþer of wümmon þęt ōu
muwe ihēren, ne speke ӡē mid nōne monne ofte ne lōnge ; &
30 þauh hit bēo of schrifte, i þen ilke hūse, ōþer þēr hē muwe
isēon tōuward ōu, sitte þe þridde, būte ӡif þe ilke þridde o

---

[1] uorm.   [2] wreche.   [3] strusti.   [4] hit.

þer stúnde [1] trúkie. Þis nis nǫut vor ōu, lēove sústren, iseid, ne vor ōþer swúche; auh [2] for-þī þe trēowe is mislēved, & te sakelease ofte bilowen vor wone of witnesse. Me ilēveþ þęt úvel sōne, & te unwręste blīþeliche līeþ on þe gōde. Sum unisēli, hwon hēo seide þęt hēo schrǫf hire, haveþ ischriven 5 hire al tō wundre. Vor-þī ǫwen þe gōde ęuer tō habben witnesse, vor twǫ ancheisūns: nomeliche, þęt ǫn is þęt te ontfule ne muwen līen on heom sǫ þęt þe witnesse ne prēove heom valse; þęt ōþer is, vor te ȝiven þe ōþre vorbīsne, & binime þe úvele ancre þęt ilke unisēli gīle þęt ich of seide. 10

Ūt of chirche þúrle ne hǫlde ȝē nǫne tale mid nǫne monne, auh bereþ wurþschipe þēr-tō, vor þe hǫli sacrament þęt ȝē isēoþ þēr-þurh, & nimeþ ōþerhwúlęs ōwer wümmen tō þe hūses þúrle. Þēo ōþre men & wümmen tō þe parlūrs þúrle speken vor nēode: ne ǫuwe ȝē būten ęt þēos twǫ 15 þúrles.

Silence ęuere ęt te mete; vor ȝif ōþre reliġiūse dōþ hit, ase ȝē wel wüteþ, ȝē ǫwen bivoren alle. & ȝif ęni haveþ dēore gist, dō hire męiden ase in hire stüde te ględien hire vēre, & hēo schal habben leave tō openen hire þúrl ęnes ōþer 20 twīes, & makien singnes tōuward hire of ǫne ględe chēre. Summes kurteisīe is nǫ-þe-leas itürnd hire tō úvele. Under semblaunt of gōd is ofte iheled stünne. Ancre & hūses lęfdi ǫuh müche tō bēon bitwēonen. Ęueriche vrīdęie of þe ȝēr hǫldeþ silence, būte ȝif hit bēo duble fęste; & teonne hǫldeþ 25 hit sum ōþer dai i þe wike; i þen Advent, & i þe Ümbri-dawes, wōdnesdawes, & frīdawes; i þe leinten þrēo dawes, & al þe swiþwike vort nōn of Ęsterēuen. Tō ōwr męiden ȝē muwen þauh siġġen mid lüt wōrdes hwat se [ȝē] wülleþ; & ȝif ęni gōd mon is feorrene ikumen, hērcneþ his spēche, 30 and onswerieþ mid lüt wōrdes tō his askunge.

---

[1] stude.   [2] nout.

Müche fol hē wēre þe mühte tō his ǭwene bihōve, hwęþer
se hē wolde, grīnden grēot ǭþer hwęte, ʒif hē gründe þe
grēot, & lęfde þene hwęte. ' Hwęte is hǭli spēche,' ase Seint
Anselme seiþ. Hēo grint grēot þe chęfleþ. Þe twǭ chēoken
5 bēoþ þe twǭ grinstǭnes. Þe tünge is þe clęppe. Lōkeþ,
lēove süstren, þet ōuwer chēoken ne grīnden nęuer būte
sǭule vōde, ne ōur earen ne hērcnen nęuer būte sǭule heale ;
& nǭut ǭne ōur earen, auh ōwer ēieþürles tüneþ aʒein īdel
spēche, þęt tō ōu ne cume nǭ tale ne tīþinge of þe worlde.

10 Ʒē ne schulen vor nǭne þīnge ne warien, ne swerien, būte
ʒif ʒē sigġen witterliche, ǭþer sikerliche, ǭþer o summe
swüche wīse ; ne ne pręche ʒē tō nǭne mon ; ne nǭ mon ne
aski ōu read ne counsail, ne ne telle ōu. Readeþ wümmen
ǭne. Seinte Pǭwel vorbead wümmen tō pręchen. *Mulieres*
15 *non permitto docere.* Nęnne wēopmon ne chasti ʒē, ne ne
ętwīteþ him of his unþeau, būte ʒif hē bēo ōuer kūþre.
Hǭlie ǭlde ancren muwen dōn hit summes weis ; auh hit nis
nǭut siker þīng, ne ne limpeþ nǭut tō þe ʒünge. Hit is hore
mester þęt bēoþ over ōþre iset, & habbeþ ham tō witene.
20 Ancre naveþ tō witene būten hire & hire męidenes. Hǭlde
ęuerich his ǭwene mester, & nǭut ne reavie ōþres. Moni
mon wēneþ tō dōn wel þęt hē dēþ al tō cweade: vor, ase
ich ęr seide, under semblaunt of gōde is ofte iheled sünne ;
& þurh swüch chastiement haveþ sum ancre aręred bitwēo-
25 nen hire & hire prēost ǭþer a valsinde luve, ǭþer a müche
weorre.

Seneca seide : *Ad summam* [*volo*] *vos esse rariloquos, tuncque
pauciloquos.* ' Þęt is þe ēnde of þe tale,' seiþ Seneke þe wīse :
' ichülle þęt ʒē speken sēlde, & þeonne būten lütel.' Auh moni
30 pünt hire wōrd vor te lēten mǭ ūt, as me dēþ water ęt[1]
ter mülne clūse ; & sǭ düden Jōbes frēond, þęt wēren icumen

[1] &.

tō vrōvren him: sēten stille alle seoue niht. Auh þēo [hēo]
hẹfden alles bigunne vor tō spekene, þeonne[1] kūþen hēo
nẹvere astünten hore clẹppe. Greg.: *Censura silencii nutri-*
tura est verbi. Sọ hit is inne monie, ase seinte Gregōrie
seiþ : ' Silence is wōrdes fōstrild: brīngeþ forþ cheafle.' An 5
ōþer half ase hē seiþ, *Juge silencium cogit celestia meditari.*
Lọng silence & wel iwüst nēdeþ þe þouhtes up tōuward þer
heovene; alsọ ase ʒē muwen isēon þe water, hwon me pünt
hit & stoppeþ bivoren wel, sọ þẹt hit ne muwe adūneward,
þeonne is hit inēd aʒein vor tō clīmben upward; & ʒē al 10
þisses weis pūndeþ ōwer wōrdes, & forstoppeþ ōuwer þouhtes,
ase ʒē wülleþ þẹt hēo clīmben & hīen tōuward heovene, &
nọut ne vallen adūneward, & tōvlēoten ʒeond te world, ase
dēþ müchel cheafle. Auh hwon ʒē nēde mōten speken a
lüte wiht, lēseþ up ōuwer mūþes flōdʒẹten, ase me dēþ ẹt ter 15
mülne, and lēteþ[2] adūn sōne.

Mọ sleaþ wōrd þene swēord. *Mors et vita in manibus*
lingue. 'Līf & deaþ,' seiþ Salomon, ' is ine tūnge họnden.'
' Hwọ se witeþ wel his mūþ, hē witeþ,' hē seiþ, ' his sọule.'
Sicut urbs patens & absque murorum ambitu : sicut, &c. Greg. 20
Qui murum silencii non habet, patet inimici, &c. : ' Hwọ se ne
wiþhalt his wōrdes,' seiþ Salomon þe wīse, ' hē is ase buruh
wiþūten wal, þēr ase vērd mẹi in over-al.' Þe vēond of helle
mid his fērd went þurh þe tütel þẹt is ẹuer open intō þe
heorte. In *vitas patrum* hit telleþ þẹt ọn họli mon seide, þēo 25
me preisede ane [of þe] brēþren þẹt hē hẹfde ihērd þẹt wēren
of müche spēche : *Boni utique sunt, sed habitatio eorum non*
habet januam : quicunque vult intrat, & asinum soluit.
' Gōde,' cwẹþ hē, ' hēo bōþ; auh hore wunnunge naveþ nọ
ʒẹt: hore mūþ maþeleþ ẹver; & hwọ se ẹuer wüle mẹi gọn 30
in, & lẹden vorþ hore asse;' þẹt is, hore unwīse sọule Vor

---

[1] þeone. [2] leted.

þī, seiþ sein Jāme : *Si quis putat se religiosum esse, non refre-*
nans linguam suam, sed seducens cor suum, haec vana est religio.
Þęt is ' ȝif ęni wēneþ þęt hē bēo reliġiūs, & ne brīdleþ nǫut
his tūnge, his reliġiūn is fals : hē gīleþ his heorte.' Hē seiþ
5 swūþe wel, ' ne brīdleþ nǫut his tūnge,' vor brīdel nis nǫut
ǫne i þe horses mūþe, auh sit sum upo þen ēien, & sum o
þen earen.   Vor alle þrēo is mūche nēod þęt hēo bēon
ibrīdled ; auh i þe mūþe sit tęt īren, & o þe lihte tūnge ; vor
þēr is męst nēod hǫld hwon þe tūnge is o rüne, & ivollen on
10 tō ēornen.   Vor ofte wē þencheþ, hwon wē vǫþ on tō
spekene, vor te speken lütel, & wel-isette wōrdes ; auh þe
tūnge is sliddri, vor hēo wadeþ ine wēte, & slīt lihtliche vorþ
from lüt wōrd into monie ; & teonne, ase Salomon seiþ, *in*
multiloquio non deest peccatum. Ne męi nǫut müchel spēche,
15 ne aginne hit nęuer sǫ wel, bēon wiþūten sünne ; vor vrom
sǫþ hit slīt te vals ; ūt of gōd intō üvel, & from mesūre intō
unimēte ; & of a drope waxeþ a müche flōd, þęt adrencheþ
þe sǫule.   Vor mid te flēotinde wōrd tōflēoteþ þe heorte ;
sǫ þęt lǫnge þēr-ęfter ne męi hēo bēon a-riht igędered tō-
20 gęderes.   *Et os nostrum tanto longius est Deo, quanto mundo*
proximum ; tanto minus exauditur in prece quanto amplius in-
quinatur in locutione. Þis bēoþ sein Gregōries wōrdes, in his
dialǫge.   Ase nēih ase ūre mūþ is tō worldliche spēche, ase
veor hē is [vrom] God, hwon wē spekeþ tōuward him, & bit
25 him ęni bōne.   Vor-þī is þęt wē ȝēieþ upon him ofte, & hē
fürseþ him awei vrommard ūre stefne : ne nüle hē nǫut
ihēren hire, vor hēo stinckeþ tō him al of þe worldes maþe-
lunge, & of hire chęfle.   Hwǫ se wüle wilnen þęt Godes eare
bēo nēih hire tūnge, fürsie hire vrom þe worlde, elles hēo męi
30 lǫnge ȝēien ęr God hire ihēre ; auh hē seiþ þurh Isaie : *Cum*
extenderitis manus vestras, avertam oculos meos a vobis ; &
cum multiplicaveritis orationes, non exaudiam vos ; þęt is,
' þauh ȝē makien monivǫld ōuwer bōnen tōuward mē, ȝē þęt

pleieþ mit te worlde, nül' ich ōu nǫut ihēren; auh icchülle
türnen mē awei, hwon ȝē hebbeþ tōuward mē ēien ǫþer
hǫnden.'

Ūre dēorewurþe lẹfdi, seinte Mārie, þẹt ǫuh tō alle wüm-
men bēon vorbīsne, was of sǫ lüte spēche þẹt nōuhware ine 5
hǫli write ne ivīnde wē þẹt hēo spẹc būte vōr sīþen; auh for
þe seldspēche hire wōrdes wēren hevie, & hẹfden müche
mihte. Hire vorme wōrdes þẹt wē rẹdeþ of wēren þǫ hēo
onswerede þen engle Gabriēl, & þēo wēren sǫ mihtie þẹt mid
tẹt þẹt hēo seide, *Ecce ancilla Domini ; fiat mihi secundum* 10
verbum tuum, ẹt tisse wōrde Godes sune & sōþ God bicōm
mon; & þe Lǫverd, þẹt al þe world ne mühte nǫut bivōn,
bitūnde him wiþinnen þe mẹidenes wǫmbe Mārie. Hire
ōþre wōrdes wēren þoa hēo cōm & grẹtte Elizabēþ hire
mǫwe; & hwat mihte wēnest-tu was icüd ine þēos wōrdes? 15
Hwat! Þẹt a chīld bigon vor tō pleien tōȝeines ham—þẹt
was sein Jōhan—in his mōder wǫmbe. Þe þridde tīme þẹt
hēo spẹc, þẹt was ẹt te neoces, & þēr, þurh hire bōne, was
water iwẹnd tō wīne. Þe vēorþe tīme was þoa hēo hẹfde
imist hire sune, & eft hine ivǫnd. & hū müchel wunder 20
voluwede þēos wōrdes! Þẹt God almihti bēih him tō ǫne
monne, tō ǫne smiþe, & tō ane wümmone, & foluwude ham,
ase hore, hwüder sǫ hēo ẹuer wolden. Nimeþ nū hēr ȝēme,
& leorneþ ȝēorne hēr-bī hū seldcēne spēche haveþ müche
strencþe. 25

Vir lingosus non dirigetur in terra : ' Veole-iwōrdede
mon,' seiþ þe psalmwürhte, ' ne schal nẹuer lẹden riht līf on
eorþe.' Vor-þī hē seiþ elleshwar: *Dixi, custodiam vias meas,*
ut non delinquam in lingua mea ; & is as þauh hē seide, ' Ic-
chülle witen mīne weies mid mīne tünge warde.' Wite ich 30
wel mīne tünge, ich mẹi wel hǫlden þene wei tōuward heo-
vene; vor ase Isaie seiþ, *Cultus justicie silencium*: ' þe tilþe

of rihtwīsnesse, þ̨et is silence.' Silence tileþ hire; & hēo itiled
brīngeþ forþ sǫule ēche vōde. Vor hēo is undeaþlich, ase
Salomon witneþ: *Justicia immortalis est.* Vor-þī vēieþ Isaie
hope & silence bǫþe tōg̨ederes; & seiþ þ̨et in ham schal
5 stǫnden gǫstliche strencþe: *In silencio & spe erit fortitudo
vestra*; þ̨et is, ' ine silence & ine hope schal bēon ōwer
strencþe.' Nimeþ ȝēme hū wel hē seiþ; vor hwǫ se is
müche stille, & halt lǫnge silence, hēo m̨ei hopien sikerliche
þ̨et hwon hēo spekeþ tōuward Gode, þ̨et he hire wüle ihēren.
10 Hēo m̨ei ēc hopien þ̨et hēo schal ēc sīngen þurh hire scilence
swēteliche ine heovene. Þis is nū þe reisūn of þe vēiunge,
hwī Isaie vēieþ hope & silence, & kupleþ bǫþe tōg̨ederes.
Tēke þ̨et hē seiþ ī þen ilke autoritē, þet ine silence & ine
hope schal bēon ūre strencþe ine Godes servīse aȝein þes
15 dēofles turnes & his fǫndunges. Auh lōkeþ þurh hwat reisūn.
Hope is a swēte spīce wiþinne þe heorte, þ̨et spēteþ ūt al þe
bitter þ̨et t̨et bodi drinkeþ. Auh hwǫ se chēouweþ spīces, hēo
schal tūnen hire mūþ þ̨et te swōte bręþ & te strencþe þēr-of
astünte wiþinnen: auh hēo þ̨et openeþ hire mūþ mid müche
20 maþelunge, & brekeþ silence, hēo spēt hope al ūt, & te swōt-
nesse þēr-of mid worldliche wōrdes; & hēo lēoseþ aȝein þe
vēond gǫstliche strencþe. Vor hwat makeþ ūs strǫng vor te
drīen derf ine Godes servīse, & ine vǫndunges tō wrastlen
stalewardliche aȝein þes dēofles swenges? Hwat, būte hope
25 of hēih mēde? Hope halt þe heorte ihǫl, hwat se þ̨et vlęschs
drīe ǫþer þolie; ase me seiþ, ȝif hope nēre, heorte tōbrēke.
Ā, Jēsu, þīn ǫre! Hū stont ham þ̨et bēoþ þēre ase alle wǫ
& weane is, wiþūten hope of ūtcume, & heorte ne m̨ei ber-
sten? Vor-þī, ase ȝē wülleþ hǫlden wiþinnen ōu hope, &
30 þene swōte bręþ of hire þ̨et ȝiveþ þe sǫule mihte, mid mūþ
itūned chēouweþ hire wiþinnen ōuwer heorte: ne blǫwe ȝē
hire nǫut ūt mid maþelinde mūþe, ne mid ȝeoniinde tüteles.
Non habeatis linguam vel aures prurientes; ' Lōkeþ' seiþ sein

Jerōme, 'þ*e*t ӡē nabben ӡicchinde nǭuþer tūnge ne earen';
þ*e*t is tō si*g*ġen, þ*e*t ōu ne lüste nǭuþer speken ne ihēren
worldliche spēche. Hider-tō is iseid of ōuwer silence, & hū
ōur spēche schal bēon seldcēne. *Contrariorum eadem est*
disciplina : of silence & of spēche nis būte a lǫre; & for-þī 5
ine wrītunge hēo ēorneþ bǭþe tōgęderes.

ANGER.

Mīne lēove süstren, alsǫ ase ӡē wel witeþ ōur wittes wiþ-
ūten, alsǫ over alle þīng lōkeþ þ*e*t ӡē bēon softe wiþinnen, &
mīld[e], & ędmōde, swēte, & swōte-iheorted, & þolemōde
aӡein wōrd, ӡif me seiþ on ōu mis, ant werc þ*e*t me misdēþ 10
ōu, lęste ӡē al vorlēosen. Aӡein bittre ancren Davīd seiþ þis
vers, *Similis factus sum pellicano solitudinis,* &c. 'Ich am
ase pellicān,' hē seiþ, 'þ*e*t wunieþ bī him ǭne.' Pellicān is a
leane fuwel[1], sǫ weamōd & sǫ wreþful þ*e*t hit sleaþ ofte vor
grome his ǭwune briddes, hwon hēo tēoneþ him, ant þeonne 15
sōne þēr-ęfter hit bicumeþ swūþe sǫri, & makeþ swūþe müche
mǭne, & smīt him sülven mid his bile þ*e*t hit slōuh ęr his
briddes mide, & drauhþ ūt blōd of his brēoste, & mit t*e*t blōd
acwikeþ eft his isleine briddes. Þis pellicān is þe weamōde
ancre. Hire briddes þ*e*t bēoþ hire gōde werkes, þ*e*t hēo 20
sleaþ ofte mid bile of schearpe wreþþe. Auh hwon hēo sǫ
haveþ idōn, dō ase dēþ þe pellicān: ofþünche hit swūþe
sōne, & mid hire ǭwune bile bekie hire brēoste; þ*e*t is, mid
schrifte of hire mūþe þ*e*t hēo sünegede mide & slōuh hire
gōde werkes, drawe þe blōd of sünne ūt of hirė brēoste, þ*e*t 25
is, of þe heorte, þ*e*t sǫule līf is inne, & sǫ schulen eft a-
cwikien hire isleiene briddes, þ*e*t bēoþ hire werkes. Blōd
bitǭcneþ sünne ; vor alsǫ blēdinde mon is grīslich & atelich

[1] fowel.

ine monnes ēihsihþe, alsǫ is þe sünfule bivore Godes ēien.
An ōþer half, nǫ mon ne mẹi jüġġen blōd wel ẹ̄r hit bēo
cǫld; alsǫ is of sünne. Þēo hwüle þẹt te heorte walleþ
wiþinnen of wrẹþþe[1], nis þēr nǫ riht dōm, ne nǫ riht ġüġe-
5 ment; ǫþer þēo hwüle þẹt te lust is hǫt tōward ẹ̄ni sünne,
ne miht-tu nǫut þēo hwüle dēmen wel hwat hit is, ne hwat þēr
wüle cumen of; auh lēt lust overgǫn, & hit te wüle līken.
Lēt þẹt hǫte acōlen, ase dēþ þē þẹt wüle jüġġen blōd, & þū
schalt dēmen al riht þe sünfule & te sünne lǫdlich & fūl, þẹt
10 te þuhte vẹir; & sǫ müchel üvel cumen þēr-of þẹt ʒif þū hit
hẹfdest idōn þēo hwüle þẹt te hẹte ilẹ̄ste, þẹt tu schalt dēmen
þī sülven wōd, þǫ þū þēr-tōuward þouhtest. Þis is of ẹ̄verich
sünne sōþ.

Inpedit ira animam ne possit cernere verum. ' Wrẹþþe,' hit
15 seiþ, ' þe-hwüle-þẹt hit ilẹ̄st, ablẹndeþ sǫ þe heorte þẹt hēo ne
mẹi sōþ iknǫwen. *Maga quedam est transformans naturam
humanam.* Wrẹþþe is a vorschüppild, ase me telleþ ine
spelles: vor hēo bireaveþ & binimeþ mon his rihte wit, &
chaungeþ al his chēre, & forschüppeþ him vrom[2] mon intō
20 bẹstes cünde. Wümmon wrǫþ is wülvene: & mon wrǫþ is
wulf, ǫþer lēun, ǫþer ünicorne. Þe hwüle þẹt ẹ̄uer wrẹþþe
is ine wümmone heorte, þauh hēo versalie, & siġġe hire ūres,
& hire paternostres, & hire āuez, al ne dēþ hēo būte þēoteþ:
hēo naveþ būte, ase þēo þẹt is iwẹnd te wülvene i Godes ēien,
25 wülvene[3] stefne in his swēte earen. *Ira furor brevis est*:
wrẹþþe is a wōdschipe. Wrǫþ mon is hē wōd? Hū lōkeþ
hē, hū spekeþ hē, hū vareþ his heorte wiþinnen him?
Hwüche bēoþ wiþūten alle his lātes? Hē ne icnǫweþ nenne
mon. Hū is hē mon þeonne? *Est enim homo animal man-*
30 *suetum natura.* Mon is kündeliche mīlde; auh sǫ sōne sǫ
hē his mildheortnesse vorlēoseþ, hē vorlēoseþ monnes künde,

----

[1] ureððe.   [2] urorm.   [3] & is ase wuluene.

& wrẹþþe, þe vorschüppild, vorschüppeþ him intō bẹstes
künde, ase ich ẹr seide.   Ant hwat ӡif ẹni ancre, Jēsu Crīstes
spūse, is forschüpped tō wülvene—nis þẹt müche seoruwe?
Nis þēr þeonne būte vorworpen sōne þẹt rūwe vel abūte þe
heorte, & mid softe seihtnesse makien hire smēþe & softe, ase 5
is cündeliche wümmone hüde.   Vor mid te wülvene velle
nọ þing þẹt hēo dēþ nis Gode līcwurþe ne icwēme.

Lō hēr aӡeines wrẹþþe monie künnes remedīes, & frōvren
a müche vloc, & misliche bōten.   Ӡif me misseiþ þē, þenc
þẹt tū ẹrt eorþe : ne tōdrauhþ me þe eorþe? ne tōtret [me] 10
þe eorþe?   ne bispēt me þe eorþe?   Þauh me düde sọ bī þē,
me düde þe eorþe rihte.   Ӡif þū berkest aӡein þū ẹrt hündes
kündes; ant ӡif þū stīngest aӡean mid attri wōrdes, þū ẹrt
nẹddre kündes, & nọut Crīstes spūse.   Þenc, düde hē sọ?
Qui tanquam ovis ductus est ad occisionem, & non aperuit os 15
suum.   Ẹfter alle þe schendfule pīnen þẹt hē þolede o þe
lọnge urīniht, me lẹdde him a-morwen vor te họngen o wari-
trēo, & drīven þuruh his fōur limes īrene nẹiles ; ant 'nan
mọre þen a schēp,' ase þe họli writ seiþ, 'ne cwẹþ hē nẹuer
a wōrd.'   20

Þench ӡet an ōþer half, hwat is wōrd būte wīnd?   Tō wọc
hēo is istrencþed þẹt a wīndes puf of a wōrd mẹi avellen, &
aworpen intō sünne ; & hwọ nüle þünchen þeonne wunder of
an ancre þẹt a wīndes puf of a wōrd avelleþ?   Ӡet, an ōþer
half, ne scheaweþ hēo þẹt hēo is dust, & vnstāble þīng[1], þẹt 25
mid a lütel wīnd of a wōrd is an-ọn tōblọwen & tōbollen?
Þe ilke puf of his mūþ, ӡif þū hit wurpe under þīne vēt, hit
schulde beren þē upward tōward þe blisse of heovene.   Auh
nū is müche wunder of ūre müchele unmẹþschipe.   Under-
stọndeþ þis wōrd.   Seint Andrēu mühte iþolien þẹt te hẹrde 30
rōde hẹf him tōuward heovene, aut luveliche biclüpte hire.

[1] þinc.

Seint Lǫrens alsǫ iþolede þęt te gredil hęf him upwardes mid berninde glēden. Seinte Stefne iþolede[1] te stǫnes þęt me stęnede him mide, & undervēng ham ględliche mid hommen ivǫlden, þęt is, cnēolinde; & wē ne muwe nǫut iþolien þęt

5 te wīnd of a wōrd bere us tōuward heovene, auh bēoþ wōde aȝeines ham þęt wē schulden þoncken, ase þēo ilke þęt serveþ us of mǜche servīse, þauh hit bēo hore unþenkes. *Impius vivit pio, velit nolit impius.* Al þęt þe unwręste & te ǖvele dēþ for ǖvele, al is þe gōde to gōde[2], & al is tō his

10 bihēve, & timbrunge tōuward his blisse. Lēt hine iwurþen, & tęt ględliche: breiden þē ane crǖne. Þenc hū þe gōde hǫli mon, in *vitas patrum,* cǜste & blescede þe unwręste hǫnd þęt hęĺde ihęrmed him, & seide sǫ inwardliche cǜssinde hire ȝēorne 'Iblesced bēo ęuer þēos hǫnd, vor hēo haveþ itim-

15 bred mē þe bliscen of heovene;' & tū siǵǵe alsǫ bī þe hǫnd þęt misdēþ þē, & bī þe mūþ alsǫ þęt ǫut misseiþ þē, 'Iblesced bēo þī mūþ,' þū seie, 'vor þū makest mē lōme[3] þēr-of tō tim- bren & tō ēchen mē mīne crǖne. Wel is mē vor mīne gōde, & wǫ is mē þauh for þīn ǖvel; vor þū dēst mē gōd, & hęr-

20 mest þī sǖlf.' Ȝif ęi mon ǫþer ęi wǜmmon misseiþ ǫþer mis- dēþ ōu, mīne lēove sǖstren, sǫ ȝē schulen siǵǵen. Auh nū is mǜche wunder, ȝif wē wel bihǫldeþ hū Godes halewen þoleden wūnden in hore bodie, & wē bēoþ wōde ȝif a wīnd blǫweþ a lütel tōuward us, & te ilke wīnd ne wūndeþ nǫut

25 būte þe eare ǫne. Vor nǫuþer ne męi þe wīnd, þęt is þęt wōrd, ne wūnden þē i þīne vlęsche, ne fūlen þīne sǫule, þauh hit puffe on þē, būte ȝif þī sǖlf hit makie. Bernardus : *Quid irritaris ? quid inflammaris ad verbi flatum, qui nec carnem vulnerat, nec inquinat mentem.* Wel þū męiht understǫnden

30 þęt tēr was lütel fǖr of chęritē þęt lēiteþ al of ūre Lǫverdes luve. Lütel fǖr was tēr þēr-of, þęt a puf acweinte. Vor þēr ase mǜchel fǖr is, kǜndeliche hit waxeþ mid wīnde.

---

[1] þet.   [2] god.   [3] leome.

Aȝein missawe ọþer misdēde, lō, hēr-anont remedīe &
salve. Alle cunneþ wel þēos asaumple. A mon þẹt lēie ine
prisūne, & ọuhte müche raunsūn, & o nọne wīse ne schulde ne
ne mühte ūt, būte ȝif hit wēre vor te họngen, ẹr hē hẹfde al
his raunsūn fulliche ipaied,—nolde hē cunnen gōd þonc ane 5
monne þẹt wurpe upon him a bigürdel full of ponewes vor te
acwiten & areimen him mide, & alēsen him ūt of pīne, þauh
hē wurpe hit ful hẹrde aȝein his heorte? Al þẹt hürt & al
þẹt sọre wēre vorȝiten & forȝiven vor glẹdnesse. Al riht o
þisse wīse wē bēoþ alle ine prisūne hēr, & ọwen God greate 10
dettes of sünnen; & for-þī wē ȝēieþ tō him i þe paternoster,
dimitte nobis debita nostra : ‘ Lọuerd,’ wē siġġeþ, ‘ forȝif us
ūre dettes, alsọ ase wē vorȝiveþ tō ūre dettūrs.’ Wōuh þẹt me
misdēþ us, ọþer of wōrd ọþer of werc, þẹt is ūre raunsūn
þẹt wē schulen areimen us mide, & acwiten ūre dettes tōu- 15
ward ūre Lọverd, þẹt bēoþ ūre sünnen; vor wiþūte cwitaunce
up of his prisūne nis nọn inumen, þẹt hē ne biþ anhọnged,
ọþer ine purgatorīe, ọþer ī þe pīne of helle. Ant ūre Lọverd
sülf seiþ, *Dimitte, & dimittetur vobis :* ‘ forȝif, & ichülle forȝive
þē.’ & is as þauh hē seide, ‘ þū ẹrt andetted tōuward mē 20
swüþe mid sünnen; auh wültu gōd foreward, al þẹt ẹuer ẹni
mon misseiþ þē ọþer misdēþ þē, ichülle nimen hit onward
þe dette þẹt tū ọwest mē.’ Nū þeonne, þauh a wōrd cülle
þē ful hẹrde upo þīne heorte, & tē þüncheþ a-vormest þẹt hit
hürteþ þīne heorte, þenc ase þe prisūn wolde þẹt wēre ihürt 25
sọre mit te bigürdle, & undervọng hit glẹdliche uor te acwiten
þē mide, & þonke him þẹt hit sende þē, þauh God ne kunne
him nẹuer þonc of his sọnde. Hē hẹrmeþ him-sülf & freomeþ[1]
þē, ȝif þū const hit understọnden. Vor, ase Davīd seiþ
swüþe wel mid alle, ‘ God dēþ in his tresọr þēo unwrẹste & 30
te üvele vor te hüren mid ham, ase me dēþ mid garsume þēo
þẹt wel vihteþ. Eft, an ōþer halve, þe pellicān is a fūel þẹt

[1] froemeð.

haveþ an ōþer cūnde ; þet is, þet hit is ēver leane. Vor-þī ase
ich ēr seide, Davīd efnede him þēr-tō in ancre persōne, & ine
ancre stefne : *Similis factus sum pellicano solitudinis.* 'Ich
am a pellicān ilīche, þet wuneþ bī him ōne ;' & ancre ōuh þus
5 tō siġġen, & bēon ilīche þe pellicān anont þet hit is leane.
Judit clausa in cubiculo jejunabat omnibus diebus vite sue, &c.
Iūdit bitūnd inne, ase hit telleþ in hire bōc, lędde swūþe hęrd
līf, vęste, & werede heare. Iūdit bitūnd inne bitōcneþ ancre
bitūnd, þet ōuhte lęden hęrd līf, ase düde þe lęfdi Iūdit, ęfter
10 hire efne, & nōut ase swīn ipūnd ine stī vor te vętten & for
te greaten aȝein þe cül of þer eax.

LOVE.

Seinte Pōwel witneþ þet alle uttre hęrdschipes, & alle
vlęsshes pīnunge, & alle līcomes swinckes, al is ase nōut
aȝean luve, þet schīreþ & brihteþ þe heorte. *Exercitatio*
15 *corporis ad modicum valet ; pietas autem valet ad omnia* : þet is,
' Līcomliche bisischipe is tō lütel wurþ ; auh swōte & schīr
heorte is gōd tō alle þinges.' *Si tradidero corpus meum ita*
ut ardeam : si linguis hominum loquar et angelorum ; et si dis-
tribuero omnes facultates meas in cibos pauperum, caritatem
20 *autem non habeam, nichil mihi prodest.* ' Þauh ich kūþe,' hē
seiþ, ' alle monne lędene & englene ; and þauh ich düde o
mīne bodie alle þe pīnen & alle þe passiūns þet bodi mühte
þolien ; and þauh ich ȝēve pōvre men al þet ich hęfde ; but
ȝif ich hęfde luve þēr-mide tō God & to alle men, in him &
25 for him, al wēre aspilled ;' vor, ase þe hōli abbod Moisēs
seide, ' Al þet wō & al þet hęrdschipe [1] þet wē þolieþ of flęsche,
& al þe gōd þet wē ēuer dōþ, alle swüche þinges ne bēoþ
būten ase lōmen uor te tilien mide þe heorte. Ȝif ęax ne

[1] herschipe.

kurve, ne þe spade ne dulve, ne þe suluh ne erede, hwǭ
kepte ham vor te hǭlden?' Alsǭ ase nǭ mon ne luveþ
lōmen vor ham sülven, auh dēþ for þe þinges þ̣et me würcheþ
mid ham, riht alsǭ nǭ vlẹsshes derf nis for te luvien būte
vor-þī-þ̣et God þe raþer lōke þiderward mid his grāce, and 5
makie þe heorte schīr & of brihte sihþe, þ̣et nǭn ne mẹi
habben mid monglunge of unþeauwes, ne mid eorþlich luve
of worldliche þinges; vor þis mǭng wōreth sǭ þe ēien of þe
heorte þ̣et hēo ne mẹi iknǭwen God, ne glẹdien of his sihþe.
' Schīr heorte,' ase Seint Bernard seiþ, ' makeþ twǭ þinges : þ̣et 10
tū, al þ̣et þū dēst, dō hit ǭþer vor luve ǭne of God, ǭþer vor ōþres
gōd, & for his bihēve.' Have, in al þ̣et tū dēst, ǭn of þeos
twǭ ententes, ǭþer bǭ tōgẹderes : vor þe latere valleþ intō þe
vorme. Have ẹ̄ver schīr heorte þus, & dō al þ̣et tū wilt;
have wōri heorte, & al þe sit üvele. *Omnia munda mundis,* 15
coinquinatis vero nichil est mundum ; Apostolus. St. Augus-
tīnus : *Habe karitatem et fac quicquid vis : voluntate, videlicet,*
rationis. Vor-þī mīne lēove süstren, over alle þing bēoþ bisie vor
te habben schīr heorte. Hwat is schīr heorte ? Ich hit habbe
iseid ẹ̄r : þ̣et is, þ̣et ȝē nǭ þīng ne wilnen, ne ne luvien būte 20
God ǭne, and þēo ilke þinges, vor God, þ̣et helpeþ ōu tōu-
ward him. Vor God, ich siġġe, luvien ham, & nǫut for ham
sülven—ase mete, & clǭþ, and mon ǭþer wümmon þ̣et ȝē
bēoþ of igōded. Vor, ase Seint Austīn seiþ, & spekeþ þus
tō ūre Lǭverd, *Minus te amat qui preter te aliquid amat quod* 25
non propter te amat : þ̣et is, ' Lǭverd, lẹsse hēo luvieþ þē þ̣et
luvieþ ǭut būte þē, būte ȝif hēo luvien hit for þē.' Schīrnesse
of heorte is Godes luve ōne. I þissen is al þe strencþe of
alle reliġiūns, and þe ēnde of alle ordres. *Plenitudo legis est*
dilectio. ' Luve fülleþ þe lawe,' hē seiþ, Seinte Pǭwel. *Quic-* 30
quid precipitur in sola caritate solidatur. ' Alle Godes hẹsten,'
ase Seint Gregōrie seiþ, ' bēoþ ine luve irōted.' Luve ǭne
schal bēon ileid ine Seinte Mihēles wēie. Þēo þ̣et mẹst

luvieþ, þēo schullen bēon mēst iblisced, nǭut þēo þet lēdeþ[1]
herdest līf; vor luve overweiþ hit. Luve is heovene stīward
vor hire müchele vrēoschipe, vor hēo ne ethalt nǭ þīng, auh
hēo ʒiveþ al þet hēo haveþ, & ēc hire sülven : elles God ne
5 kepte nǭut of al þet hire wēre.

God haveþ ofgǭn ūre luve on alle künne wīsen. Hē
haveþ müchel idōn us, & mǭre bihǭten. Müchel ʒeove of-
draweþ luve ; me müchel ʒef hē us : al þene world hē ʒef us
in Adām ūre veder ; and al þet is i þe worlde hē werp under
10 ūre vēt—bēstes & fūeles, ear wē wēren vorgülte. *Omnia*
subjecisti sub pedibus ejus, oves et boves universas, insuper et
pecora campi, volucres celi et pisces maris, &c. And ʒet al þet
is, ase is þēr-uppe iseid, serveþ þe gōde, tō þe sǭule bihēve ;
ʒete þe üvele serveþ eorþe, seea, & sunne. Ʒet hē düde
15 mǭre : hē ʒef us nǭut ǭne of his, auh düde al him sülven.
Sǭ hēih ʒeove nes nēver iʒiven tō sǭ lǭuwe wrecches. Apos-
tolus : *Christus dilexit ecclesiam et dedit semetipsum pro ea* :
Seinte Pǭwel seiþ, ' Crīst luvede sǭ his lēofmon þet hē ʒef
for hire þe prīs of him sülven.' Nimeþ gōd ʒēme, mīne
20 lēove süstren, vor-hwī me ǭuh him tō luvien. Erest, ase a
mon þet wōweþ—ase a king þet luvede ǭne lefdi of feorrene
lǭnde, and sēnde hire his sǭndesmen bivoren, þet wēren þe
patriarkes & þe prophētes of þe Ǭlde Testament, mid lettres
isealed. A-last hē cōm him sülven, and brouhte þet gospel
25 ase lettres iopened, and wrǭt mid his ǭwune blōde salüz tō
his lēofmon of luve-grētunge, vor te wōwen hire mide, & for
te welden hire luve. Hēr-tō valleþ a tale, and ǭn iwrīen
vorbīsne.

A lefdi was þet was mid hire voan biset al abūten, and hire
30 lǭnd al destrüed, & hēo al pǭvre, wiþinnen ǭne eorþene
castle. Ǭn mihti kinges luve was þauh bitürnd upon hire,

sǭ unimēte swūþe þet hē vor wōuhlecchunge sēnde hire his
sǭnden, ǭn ęfter ōþer, and ofte somed monie ; & sēnde hire
beaubelez bǭþe veole & fęire, and sukurs of liveneþ, & help
of his hēie hīrd tō hǭlden hire castel. Hēo undervēng al ase
ǭn unrecheleas þīng, þet was sǭ hęrd-iheorted þęt hire luve 5
ne mühte hē nęver bēon þe nēorre. Hwat wült-tu mǭre?
Hē cōm him sülf a-last, and scheawede hire his fęire neb, ase
þē þęt was of alle men vęirest for tō bihǭlden, and spęc
swūþe swēteliche, & sǭ mürie wōrdes þęt hēo mühten þe
deade arearen vrom deaþe tō līve. And wrouhte veole 10
wundres, and düde veole meistrīes bivoren hire ēihsihþe; &
scheawede hire his mihten ; tǭlde hire of his kinedōme ; and
bead for tō makien hire cwēne of al þęt hē ǭuhte. Al þis ne
hęlp nǭut. Nęs þis wunderlich hoker? Vor hēo nęs nęver
wurþe vor te bēon his schelchīne. Auh sǭ, þuruh his debo- 15
nertē, luve hęfde overkumen hine þęt hē seide on ēnde:
' Dāme, þū ęrt iweorred, & þīne vǭn bēoþ sǭ strǭnge þęt tū
ne męiht nǭnes-weis wiþūten sukurs of mē ętflēon hore
hǭnden, þęt hēo ne dōn þē tō scheomefule deaþe. Ichchülle
vor þe luve of þē nimen þis fiht upon mē, and aredden þē of 20
ham þęt sēcheþ þīne deaþ. Ich wǭt þauh for sōþe þęt ich
schal bitwēonen ham undervǭngen deaþes wünde; and ich
hit wülle heorteliche vor tō ofgǭn þīne heorte. Nū, þeonne,
bisēche ich þē, vor þe luve þęt ich küþe þē, þęt tū luvie mē,
hūre & hūre, ęfter þen ilke deaþe dead [1], hwon þū noldes 25
līves.' Þes king düde al þus : aredde hire of alle hire vǭn,
and was himsülf tō wundre itūked, and isleien on ēnde.
Þuruh mirācle, þauh, hē arǭs from deaþe tō līve. Nēre þēos
ilke lęfdi of üvele künnes künde, ȝif hēo over alle þīng ne
luve him hēr-ęfter? 30

Þes king is Iēsu Crīst, Godes sune, þęt al o þisse wīse

[1] dead deade.

wōwude ūre sǫule, þęt þe dēoflen hęueden biset. And hē, ase nǫble wōware, ęfter monie messaġērs, & feole gōddēden, cōm vor tō prēoven his luve, 'and scheauwede þuruh knihtschipe þęt hē was luvewurþe ; ase wēren sumewhūle knihtes iwuned 5 for tō dōnne. Hē düde him ine turnement, & hęfde vor his lēofmonnes luve his schēld ine vihte, ase kēne kniht, on ęueriche half iþürled. Þis schēld þęt wrēih his Godhēd was his lēove licome þęt was isprędd o rōde, brǫd ase schēld buven in his istreihte earmes, and nęruh bineoþen, ase þe ǫn vōt, ęfter þęt 10 me wēneþ, sēte upon þe ōþer vōte. Þęt þis schēld naveþ nǫne sīden is for tō bitǫcnen þęt his decīples, þęt schulden stǫnden bī him, and ibēon his sīden, vluwen alle vrom him, & bilēfden him ase vreomede ; ase þe gospel seiþ, *Relicto eo, omnes fugerunt.* Þis schēld is iȝiven us aȝean alle temptaciūns, ase Jeremīe 15 witneþ : *Dabis scutum cordis, laborem tuum ;* & Psalmista : *Scuto bone voluntatis tue coronasti nos.* Þis schēld ne schilt us nǫut ǫne vrom alle üveles, auh dēþ ȝet mǫre : hit krūneþ us in heovene. *Scuto bone voluntatis tue,* 'Lǫverd,' hē seiþ, Davīþ, 'mid þe schēlde of þīne gōde wille þū havest ikrūned us.' 20 Schēld hē seiþ of gōde wille, vor willes hē þolede al þęt hē þolede. Ysaias : *Oblatus est quia voluit.* Me, Lǫverd, þū seist, hwar-tō ? Ne mühte hē mid lęsse grēf habben ared us ? Ȝę siker, ful lihtliche ; auh hē nolde. Hware-vore ? Vor te binimen us ęuerich bitellunge aȝean him of ūre luve, þęt hē 25 sǫ dēore bouhte. Me būþ lihtliche a þīng þęt me luveþ lütel. Hē bouhte us mid his heorte blōde—dēorre prīs nęs nęuer—vor te ofdrawen of us ūre luve tōuward him, þęt kostnede him sǫ dēore. Ine schēlde bēoþ þrēo þīnges, þęt trēo, and þęt leþer, & þe peintunge. Al sǫ was i þisse schēlde— 30 þęt trēo of þe rōde, & þęt leþer of Godes līcome, and þe peintunge of þe reade blōde þęt hēowede hire sǫ ueire. Eft, þe þridde reisūn. Ęfter kēne knihtes deaþe me hǫngeþ hēie ine chirche his schēld on his münegunge. Al sǫ is þis

schēld, þęt is, þęt crūcifix, iset ine chirche, ine swüche stüde
þęt me hit sōnest iseo, vor tō þenchen þēr-bī o Jēsu Crīstes
knihtschipe þęt hē düde o rōde. His lēofmon bihǭlde þēr-
on hwū hē bouhte hire luve, and lette þürlen his schēld : þęt
is, lette openen his sīde vor te scheawen hire his heorte, and 5
for tō scheawen hire openliche hwū inwardliche hē luvede
hire, and for tō ofdrawen hire heorte.

Vōur heavedluven me ivint ī þisse worlde : bitwēonen
gōde ivēren þe vormeste is; bitwēonen mon & wümmon þe
ōþer is; bitwēonen wīf & hire chīld þe þridde is; bitwēonen 10
līcome & sǭule. Þēo luve þęt Jēsu Crīst haveþ tō his dēore
lēofmon overgęþ ham alle vōure, & passeþ ham alle. Ne
telleþ me him gōd fēolawe þęt leiþ his wed ine Ġiwerīe vor
tō acwiten ūt his fēre? God Almihti leide him-sülf vor us
ine Ġiwerīe, and düde his dēorewurþe bodi vor to acwiten ūt 15
his lēofmon of Ġiwene hǭnden. Nęuer vēre swüch forþede [1]
ne düde vor ǭwune vēre. Müchel luve is ofte bitwēonen
mon & wümmon. Auh þauh hēo wēre iwedded him, hēo
mühte iwurþen sǭ unwręst, þęt, tauh hēo wolde kumen aȝean,
hē ne kepte hire nǭut. And for-þī Crīst luveþ mǭre : vor hē 20
seiþ al dęi, ' Þū þęt havest sǭ unwręsteliche idōn, bitürn þē,
and cum aȝean ; wilkume schaltu bēon mē.' *Immo, et oc-*
currit prodigo venienti. Ȝet hē eorneþ, hit seiþ, aȝean hire
ȝankume, and worpeþ earmes an-ǭn abūten hire swēore.
Hwat is mǭre milce? Nū of þe þridde luve. Chīld þęt 25
hęuede swüch üvel þęt him bihōvede bęþ of blōde ęr hit wēre
ihęled, müchel luvede þe mōder hit þęt wolde him þis bęþ
makien. Þis düde ūre Lǭverd us, þęt wēren sǭ sīke of sünne,
& sǭ isüled þēr-mide, þęt nǭ þīng ne mühte hęlen us ne
clensen us būte his blōd ǭne ; vor sǭ hē hit wolde ; his luve 30
makede us bęþ þēr-of; iblesced bēo hē ęuere ! Hē luveþ us

---

[1] fordede.

mǭre þen ęni mōder dēþ hire chīld.   Hē hit seiþ him-sülf
þuruh Isaie : *Nunquid potest mater oblivisci filii uteri sui ?*
' Męi mōder vorȝiten hire chīld ?,' hē seiþ, ' and tauh hēo dō,
ich ne męi vorȝiten nęver : ' and seiþ þe reisūn ęfter, hware-
5 vore: *In manibus meis descripsi te.*   ' Ich habbe,' hē seiþ,
' depeint þē i mīne hǭnden.'   Sǭ hē düde mid reade blōde
upo þe rōde.   Mon knüt his kürtel vor te habben þouht of
ǭne þīnge ; auh ūre Lǭverd, vor hē nolde nęuer vorȝiten us,
hē düde merke of þürlunge ine bǭtwǭ his hǭnden.   Nū of þe
10 vēorþe luve.   Þe sǭule luveþ þęt bodi swüþe mid alle ; & þęt
is ēþcēne i þe twinnunge ; vor lēove vrēond bēoþ sǭrie hwon
hēo schulen twinnen.   Auh ūre Lǭverd willeliche tōtwea-
mede his sǭule vrom his bodie vor tō vēien ūre bǭþe tōgę-
deres, world ā būten ēnde, i þe blisse of heovene.   Þus, lō !
15 Jēsu Crīstes luve tōuward his dēore spūse, þęt is, hǭli chirche,
ǭþer þe cleane sǭule, passeþ alle, & overkumeþ þe vōur
mǭste luven þęt me ivint on eorþe.   Mid al þisse luve ȝet hē
wōweþ hire o þisse wīse.

' Þī luve,' hē seiþ, ūre [1] Lǭverd, ' ǭþer hēo is for tō ȝiven
20 allunge, ǭþer hēo is for tō süllen, ǭþer hēo is for tō reaven &
tō nimen mid strencþe.   Ȝif hēo is for tō ȝiven, hwar męiht-tu
bitēon hire betere þen upon mē ?   Nam ich þīnge vęirest ?
Nam ich kinge rīchest ?   Nam ich hēixst ikünned ?   Nam
ich weore [2] wīsest ?   Nam ich monne hēndest ?   Nam ich
25 monne vrēoest ?   Vor sǭ me seiþ bī larġe monne, þęt hē ne
con nǭut ęthǭlden—þęt hē haveþ þe hǭnden, ase mīne bēoþ,
iþürled.   Nam ich alre þīnge swōtest & swētest ?   Þus, alle
þe reisūns hwui me ǭuh for tō ȝiven luve þū męiht ivīnden in
mē ; nomeliche, ȝif þū luvest chāste clęnnesse ; vor nǭn ne
30 męi luvien mē būte hēo hǭlde hire.   Ȝif þī luve nis nǭut for

tō ȝiven, auh wült allegate þet me büġġe hire ; dō, seie hwui :
ǫþer mid ōþer luve ǫþer mid sumhwat elłes ? Me sülleþ wel
luve vor luve ; and sǫ me ǫuh for tō süllen luve, & for nǫne
þinge elles. Ȝif þīn luve is sǫ tō süllen, ich habbe ibouht
hire mid luve over alle ōþre. Vor of þe vōur męste luven 5
ich habbe iküd tōward þē þe męste of ham alle. And ȝif þū
seist þet tū nült nǫut lēten þēr-on sǫ liht cheap, auh wültu
ȝet mǫre ; nem hwat hit schule bēon : sete feor o þīne luve.
Þū ne schalt siġġen sǫ müchel þet ich nülle ȝiven þē, vor
þīne luve, müchele mǫre. Wültu kastłes and kinedōmes ? 10
Wültu węlden al þene world ? Ichchülle dōn þē betere : ich-
chülle makien þē, mid al þis, cwēne of heovene. Þū schalt
bēon seovenvǫld brihtre þen þe sunne ; nǫn üvel ne schal
hęrmen þē ; nǫ þīng ne schal sweamen þē ; nǫ wünne ne
schal wonten þē ; al þī wille schal bēon iwrouht in heovene 15
& in eorþe ; ȝę̄, and ȝet ine helle. Ne schal nęuer heorte
þenchen swüch sēluhþe, þet ich nülle ȝiven vor þīne luve,
unimēteliche and unendeliche mǫre : al Krēsules weole ;
and Absalōnes schēne wlite, þet ase ofte ase me evesede him,
me sǫlde his evesunge—þēo hēr þet me kęrf of—vor twǫ 20
hundred sicles of seolvre ; Asaēles swiftschipe, þet strǫf wiþ
heortes overürn ; Samsōnes strencþe, þet slōuh a þūsund of
his fǫn al ęt ǫne tīme, & ǫne, būte vēre ; Cēsares vrēoschipe ;
Alisaundres herewōrd ; Moisēses heale. Nolde a mon, vor
ǫn of þeos, ȝiven al ·þet he ǫuhte ? And alle þeos þinges 25
somed, aȝean mine bode, ne bēoþ nǫut wurþ a nēlde. And,
ȝif þū ęrt sǫ swüþe ǫnwil, & sǫ ūt of þīne witte þet tū, þuruh
nǫut tō vorlēosen, vorsakest swüch biȝeate mid alle künnes
sēluhþe, lō ! ich hǫlde hēr hetel swēord over þīn heaved, vor
tō dealen līf & sǫule, and tō bisenchen bǫtwǫ intō þe für of 30
helle. Onswere nū, & were þē, ȝif þū konst, aȝean mē, ǫþer
ȝę̄tte mē þīne luve þet ich ȝīrne sǫ swüþe, nǫut for mīne,
auh for þīn ǫwune müchele bihēve.

Lō! þus ūre Lǫverd wōweþ. Nis hēo tō hęrd-iheorted
þęt a swüch wōware ne męi türnen hire luve tō him? and
nomeliche ʒif hēo þencheþ þēos þrēo þīnges: hwat hē is;
and hwat hēo is; & hwū müchel is þe luve of sǫ hēih ase hē
5 is tōuward sǫ lǫuh ase hēo is. Vor-þī seiþ þe psalmwüruhte:
Non est qui se abscondat a calore ejus. Nis nǫn þęt muwe
ętlūtien þęt hēo ne mōt him luvien. Þe sōþe sunne i þe un-
derntīd [1] was for-þī istīen on hēih o þe hēie rōde vor tō
spręden over al hǫte luvegleames; þus nēodful hē was, & is
10 vort tisse dęie, tō ontēnden his luve in his lēoves heorte, and
seiþ i þe gospelle: *Ignem veni mittere in terram, et quid volo
nisi ut ardeat?* 'Ich cōm,' hē seiþ, 'vor tō brīngen für intō
eorþe, þęt is, berninde luve intō eorþliche heorten, & hwat
ʒīrne ich elles būte þęt hit blasie? Wlęch luve is him lǫþ,
15 ase hē seiþ þuruh Sein Jōhan i þe Apocalipse: *Utinam frigi-
dus esses aut calidus; sed quia tepidus es, incipiam te evomere
de ore meo.* 'Ich wolde,' hē seiþ tō his lēofmon, 'þęt tū
wēre i mīne luve ǫþer allunge cǫld, ǫþer hǫt mid alle; auh
for-þī-þęt tū ęrt ase wlęch bitwēonen twǫ, nǫuþer cǫld ne hǫt,
20 þū makest mē vor tō wlatien; and ichchülle spēouwen þē ūt,
būte ʒif þu iwurþe hattre.'

Nū ʒē habbeþ ihērd, mīne lēove süstren, hū, & for hwī,
God is swüþe tō luvien. And, for tō ontēnden ōu wel,
gędereþ wude þēr-tō, mid þe pǫvre wümmon of Sarepte þe
25 buruh, þęt speleþ ontēndunge: *En, inquid, colligo duo ligna.*
'Lǫverd,' cwęþ hēo tō Elīe, þe hǫlie prophēte, 'lō! ich gę-
dere twǫ trēon.' Þēos twǫ trēon bitǫcneþ þęt ǫ trēou þęt
stōd upriht, and tęt ōþer ēk þęt ēode þvertover of þe dēore
rōde. Of þēos twǫ trēon ʒe schulen ontēnden für of luve
30 wiþinnen ōwer heorte. Bisēoþ ofte tōuward ham. Þencheþ
ʒif ʒē ne ǫwen eaþe to luvien þene king of blisse þęt tōspret

---

[1] undertid.

sǭ tōuward ōu his ẹrmes, and būhþ, ase vor tō bēoden cos,
adūneward his heaved. Sikerliche ich siġġe hit, þẹt ȝif þe
sōþe Elīe, þẹt is, God Almihti, ivint ōu þēos twǭ trēon bisi-
liche gẹderinde, hē wüle gistnen mid ōu, and monivǭlden in
ōu his dēorewurþe grāce, ase Elīe düde þe pǭvre wümmone 5
liveneþ, and gistnede mid hire þẹt hē ivǭnd þe twǭ trēon
gẹderinde i Sarepte.

THE NUNS ARE TO KEEP NO BEAST
BUT A CAT.

Ȝē, mīne lēove süstren, ne schulen habben nǭ bẹst, būte
kat ǭne. Ancre þẹt haveþ ẹihte þüncheþ bet hūsewīf, ase
Marthe was, þen ancre; ne nǭne-weis ne mẹi hēo bēon Mārie 10
mid griþfulnesse of heorte. Vor þeonne mōt hēo þenchen
of þe kūes foddre, and of hēordemonne huire, ōluhnen þene
hēiward, warien hwon me pünt hire, & ȝēlden, þauh, þe
hẹrmes. Wāt Crīst, þis is lǭdlich þīng hwon me makeþ
mǭne in tūne of ancre ẹihte. Þauh, ȝif ẹni mōt nēde habben 15
kū, lōke þẹt hēo nǭne monne ne eilie, ne ne hẹrmie; ne
þẹt hire þouht ne bēo nǭut þēr-on ivẹstned. Ancre ne ǭuh
nǭut tō habben nǭ þīng þẹt drawe ūtward hire heorte. Nǭne
chẹffare ne drīve ȝē. Ancre þẹt is cheapild, hēo cheapeþ
hire sǭule þe chẹpmon of helle. Ne wite ȝē nǭut in ōure 20
hūse of ōþer monnes þīnges, ne ẹihte, ne clǭþes; ne nǭut ne
undervō ȝē þe chirche vestimenz, ne þene caliz, būte ȝif
strencþe hit makie, ǭþer müchel eie; vor of swüche witunge
is ikumen müchel üvel ofte-sīþen.

THE ORMULUM.

(East Midland Dialect, about 1200.)

GRAMMAR.

ALTHOUGH the Ormulum is probably even older than the Ancren Riwle, the existing MS. being in the author's own hand, its grammar is much simpler, while the vocabulary shows hardly any French, but considerable Norse, influence.

SPELLING AND SOUNDS.

The most characteristic feature of Orm's spelling is the consistency with which he has introduced doubled consonants to show shortness of the preceding vowel. This he does regularly whenever the consonant is final, or followed by another consonant, as in *þatt, crisstenndom;* and he was able to do so because the O. E. distinction between double and single final consonants was lost (see p. 3); where the consonant is followed by a vowel, as in *sune* 'son,' it was not possible to double the consonant, because in that position it would have been pronounced double, so that *sune* would have been confounded with *sunne* 'sun.' But in such cases he often puts a short mark over the vowel, as in *tăkenn* 'to take,' *chĕle* 'chill,' or an accent to show length, as in *láre* 'lore,' which is often doubled, or even trebled, especially before *t*.

We have a further guide to the quantity. Every second line of Orm's verse ends in an unaccented syllable, preceded by an accented one, which is always long, either by having two consonants, as in *sette, wille,* or, if there is but one consonant, a long vowel, as in *wīse, wrītenn, mōderr* ; such words as *writenn* 'written,' *faderr*, never come at the end of the line in the Ormulum.

The spelling of the Orm. shows hardly any French influence. The O. E. *æ* is kept to denote the long *ẹ̄*, and, like the *ea* of the A. R., is never used for short *e.* The O. E. *f* is kept, though in this dialect it probably had, together with *þ* (*ð* occurs very seldom in the Orm.) and *s*, the present voiceless sound initially. *sh* is written for the *sch* of the A. R. The diphthongs are written with ʒ and *w* instead of *i* and *u.*

The following are the main points in which the sounds of the Orm. differ from those of the A. R.

O. E. *ā* is kept unchanged, except that it is sometimes shortened, as in *hāl* 'whole,' *hallʒhenn* 'hallow.'

O. E. short *æ, ea* regularly become *a*, as in *þatt* 'that,' *affterr* 'after,' *harrd* (O. E. *heard*) 'hard.' Also in the diphthong *aʒʒ*, as in *daʒʒ* (O. E. *dæg*) 'day.'

O. E. *y, ȳ* become *i, ī*, as in *sinne* 'sin,' *kīþenn* 'make known.'

eo, ēo are also written without the *o*, and are, perhaps, to be pronounced as simple *e, ē.*

In the consonants we find the medial *w* (=O. E. *g*) of the A. R. represented by *ʒh* (*hʒh*), as in *āʒhenn* 'own' adj., *folʒhenn* 'follow,' probably with the open sound of German *g* in *sagen.* After *e* and *i*, where A. R. has *i*, as in *lēʒhenn* (*līen*, A. R.) 'tell lies,' *berrʒhen* 'save,' it probably had a more palatal sound. *ʒh* in *ʒhō* 'she' (O. E. *hēo*) probably represented the sound of German *ch* in *ich.*

The Orm. has *c* instead of the *ch* of the A. R. in many
words, such as *kirrke* 'church,' *whillc* 'which.'

The change of *þatt þatt* into *þatt tatt*, &c. is carried out
with perfect regularity in the Orm.

The metre of the Orm. requires that a final vowel should
be dropped before a word beginning with a vowel, or such
a subordinate word as *hiss* 'his,' whose *h* was probably silent.
Sometimes the vowel is dropped in writing, sometimes not.

INFLECTIONS.

The substantives have lost nearly all traces of grammatical
gender, and are mostly declined as in Mod. E. : *wōrd*, for
instance, having no inflection but *wōrdess* for the gen. sing.
and the plural; *mann* has gen. sing. *mannes*, plur. *menn*, gen.
pl. *menness*. A dative in *-e* sometimes occurs, as in *tō manne*.
The fem. gen. sing. in *-e* also occurs in such collocations as
ūre sāwle nēde 'our soul's need.' *þēod* 'people' keeps the
O. E. plur. *þēode. wāwe* 'woe' still has a weak plur. *wāwenn*.
Among the irregular plurals note *chīld* 'child,' *chīlldre*; *gāt*
'goat,' *gæt*.

The only inflection that the adjectives retain is the *e* of
the plural and of the weak declension, as in *mīne wōrdess,*
þatt lāþe flocc 'the hateful multitude.'

The pronouns are as follows :—

icc, ī 'I,' *mē*; *wē, uss.*

þū 'thou,' *þē*; *ȝē, ȝūw.*

hē 'he,' *himm*; *itt* 'it,' *himm* and *itt*; *ȝhō* 'she,' *hire*;
þeȝȝ 'they,' *þeȝȝm.*

The Orm. also preserves the two old duals, of which only
the first occurs in our extracts : *witt* 'we-two,' *unnc.*

The possessives are :—

mī(n), *þī(n)*; *ūre*, *ȝūre*; *hiss*, *hire*; *þeȝȝre* and *he(o)re*, together with the dual *unnkerr* 'of us-two.'

The def. art. is *þe* and *þatt*, and is undeclined.

In the verbs the most characteristic feature is the plural pres. as well as pret. in *-en* instead of the *-eþ* of the A. R. : *witt hafenn* 'we-two have' (A. R. *habbeþ*). The *n* of the infin. and the partic. pret. of the strong verbs is never dropped. The partic. pret. drops the original *ge-*.

The second conj. of weak verbs drops its *i* throughout : *icc lufe* 'I love,' *þeȝȝ lufenn* 'they love.'

DEDICATION.

Nū, brōþerr Wallterr, brōþerr mīn
  affterr þe flæshess kīnde;
⁊ ¹ brōþerr mīn ī Crisstenndōm
  þurrh fulluhht ⁊ þurrh trowwþe;
⁊ brōþerr mīn ī Godess hūs,   5
  ȝēt ō þe þride wīse,
þurrh þatt witt hafenn tăkenn bā
  ān reȝhellbōc tō follȝhenn,
unnderr kanunnkess hād ⁊ līf,
  swā summ Sannt Awwstīn sette;   10
icc hafe dōn swā summ þū badd,
  ⁊ forþedd te þīn wille,
icc hafe wennd inntill Ennglissh
  goddspelless hallȝhe lāre,
affterr þatt little witt þatt mē   15
  mīn Drihhtīn hafeþþ lēnedd.
þū þohhtesst tatt itt mihhte wēl
  till mikell frame turrnenn,
ȝiff Ennglissh follc, forr lufe off Crīst,
  itt wollde ȝērne lērnenn,   20
⁊ follȝhenn itt, ⁊ fillenn itt
  wiþþ þohht, wiþþ wōrd, wiþþ dēde.

¹ = annd.

forr-þī ȝerrndesst tū þatt icc
   þiss werrc þē shollde wirrkenn;
ϽΞ icc itt hafe forþedd tē,
   acc all þurrh Crīstess hellpe;
ϽΞ unnc birrþ bāþe þannkenn Crīst
   þatt itt iss brohht till ēnde.
icc hafe sammnedd ō þiss boc
   þā Goddspelless nēh alle,
þatt sinndenn ō þe messebōc
   inn all þe ȝēr att messe.
ϽΞ aȝȝ affterr þe Goddspell stannt
   þatt tatt te Goddspell mēneþþ,
þatt mann birrþ spellenn tō þe follc
   off þeȝȝre sāwle nēde;
ϽΞ ȝēt tær tēkenn māre inōh
   þū shallt tæronne fīndenn,
off þatt tatt Crīstess hallȝhe þēd
   birrþ trōwwenn wēl ϽΞ follȝhenn.
Icc hafe sett hēr ō þiss bōc
   amāng Goddspelless wōrdess,
all þurrh mē sellfenn, maniȝ wōrd
   þe rīme swā tō fillenn;
acc þū shallt fīndenn þatt mīn wōrd,
   eȝȝwhær þær itt iss ēkedd,
maȝȝ hellpenn þā þatt rēdenn itt
   tō sēn ϽΞ tunnderrstanndenn
all þess te bettre, hū þeȝȝm birrþ
   þe Goddspell unnderrstanndenn;
ϽΞ forr-þī trowwe icc þat tē birrþ
   wēl þolenn mīne wōrdess,
eȝȝwhær þær þū shallt fīndenn hemm
   amāng Goddspelless wōrdess.
forr wha se mōt tō læwedd follc
   lārspell off Goddspell tellenn,

25

30

35

40

45

50

55

hē mốt wēl ēkenn manīȝ wōrd
amāng Goddspelless wōrdess.
ꝉ icc ne mihhte nohht min ferrs
aȝȝ wiþþ Goddspelless wōrdess 60
wēl fillenn all, ꝉ all forr-þī
shollde icc well offte nēde
amāng Goddspelless wōrdess dōn
min wōrd, min ferrs tō fillenn.
ꝉ tē bitæche icc off þiss bōc, 65
heh wikenn alls itt semeþþ,
all tō þurrhsēkenn illc ān ferrs,
ꝉ tō þurrhlōkenn offte,
þatt upponn all þiss bōc ne bē
nān wōrd ȝæn Crīstess lāre, 70
nān wōrd tatt swiþe wēl ne bē
tō trowwenn ꝉ tō follȝhenn.
Witt shulenn tredenn unnderr fốt
ꝉ all þwerrt-ūt forrwerrpenn
þe dōm off all þatt lāþe flocc, 75
þatt iss þurrh nīþ forrblēndedd,
þatt tæleþþ þatt tō lofenn iss,
þurrh nīþfull mōdīȝnesse.
Þeȝȝ shulenn lǽtenn hæþelīȝ
off unnkerr swinnc, lēf brōþerr; 80
ꝉ all þeȝȝ shulenn takenn itt
onn unnitt ꝉ onn īdell;
acc nohht þurrh skill, acc all þurrh nīþ,
ꝉ all þurrh þeȝȝre sinne.
ꝉ unnc birrþ biddenn Godd tatt hē 85
forrȝife hemm hĕre sinne;
ꝉ unnc birrþ bāþe lofenn Godd
off þatt itt wass bigunnenn,
ꝉ þannkenn Godd tatt itt iss brohht
till ēnde þurrh hiss hellpe; 90

E

forr itt maȝȝ hellpenn alle þā
   þatt blīþelīke itt hērenn,
ꝩ lufenn itt, ꝩ follȝhenn itt
   wiþþ þohht, wiþþ wōrd, wiþþ dēde.
ꝩ whā se wilenn shall þiss bōc   95
   Efft ōþerr sīþe wrītenn,
himm bidde icc þatt hē't wrīte rihht,
   swā summ þiss bōc himm tæcheþþ,
all þwerrt ūt affterr þatt itt iss
   uppō þiss firrste bīsne,   100
wiþþ all swillc rīme alls hēr iss sett,
   wiþþ all se fele wōrdess;
ꝩ tatt hē lōke wēl þatt hē
   ān bōcstaff wrīte twiȝȝess,
eȝȝwhær þær itt uppō þiss bōc   105
   iss wrĭtenn ō þatt wīse.
Lōke hē wēl þatt hēt wrīte swā,
   forr hē ne maȝȝ nohht elless
onn Ennglissh wrītenn[1] rihht te wōrd,
   þatt wite hē wēl tō sōþe.   110
ꝩ ȝiff mann wile wĭten whī
   icc hafe dōn þiss dēde,
whī icc till Ennglissh hafe wennd
   Goddspelless hallȝhe lāre;
icc hafe itt dōn forr-þī-þatt all   115
   Crisstene follkess berrhless
iss lāng uppō þatt ān, þatt teȝȝ
   Goddspelless hallȝhe lāre
wiþþ fulle mahhte follȝhe rihht
   þurrh þohht, þurrh wōrd, þurrh dēde.   120
Forr all þatt æfre onn ērþe iss nēd
   Crisstene follc tō follȝhenn

---

[1] wrĭtenn.

ī trowwþe, ī dēde, all tæcheþþ hemm
   Goddspelless hallȝhe lāre.

⁊ forr-þī whā se lērneþþ itt   125
   ⁊ follȝheþþ itt wiþþ dēde,
hē shall onn ēnde wurrþī bēn
   þurrh Godd tō wurrþenn borrȝhenn.

⁊ tærfore hafe icc turrnedd itt
   inntill Ennglisshe spæche,   130
forr þatt ī wollde blīþelīȝ
   þatt all Ennglisshe lēde
wiþþ ære shollde lisstenn itt,
   wiþþ herrte shollde itt trowwenn,
wiþþ tūnge shollde spellenn itt,   135
   wiþþ dēde shollde itt follȝhenn,
tō winnenn unnderr Crisstenndōm
   att Godd sōþ sāwle berrhless.

⁊ ȝiff þeȝȝ wilenn hērenn itt,
   ⁊ follȝhenn itt wiþþ dēde,   140
icc hafe hemm hollpenn unnderr Crīst
   tō winnenn þeȝȝre berrhless.

⁊ ī shall hafenn for mīn swinnc
   Gōd læn att Godd onn ēnde,
ȝiff þatt ī, forr þe lufe off Godd   145
   ⁊ forr þe mēde off heffne,
hemm hafe itt inntill Ennglissh wennd
   forr þeȝȝre sāwle nēde.

⁊ ȝiff þeȝȝ all forrwerrpenn itt,
   itt turrneþþ hemm till sinne,   150
⁊ ī shall hafenn addledd mē
   þe Lāferrd Crīstess āre,
þurrh þatt icc hafe hemm wrohht tiss bōc
   tō þeȝȝre sāwle nēde,
þohh þatt teȝȝ all forrwerrpenn itt   155
   þurrh þeȝȝre mōdīȝnesse.

Goddspell onn Ennglissh nemmnedd iss
  gōd wōrd, ꝫ gōd tīþennde,
gōd errnde, forr-þī-þatt itt wass
  þurrh hallȝhe Goddspellwrihhtess   160
all wrohht ꝫ wrĭtenn uppō bōc
  off Crīstess firrste[1] cōme,
off hū sōþ Godd wass wurrþenn mann
  forr all mannkinne nēde,
ꝫ off þatt mannkinn þurrh hiss dæþ   165
  wass lēsedd ũt off helle,
ꝫ off þatt hē wisslīke rās
  þe þridde daȝȝ off dæþe,
ꝫ off þatt hē wisslīke stāh
  þā siþþenn upp till heffne,   170
ꝫ off þatt hē shall cumenn efft
  tō dēmenn alle þēde,
ꝫ forr tō ȝēldenn īwhillc mann
  affterr hiss āȝhenn dēde.
Off all þiss gōd uss brinngeþþ wōrd   175
  ꝫ errnde ꝫ gōd tīþennde
Goddspell, ꝫ forr-þī maȝȝ itt wēl
  gōd errnde bēn ȝehātenn.
Forr mann maȝȝ uppō Goddspellbōc
  gōdnessess fīndenn seffne   180
þatt ūre Lāferrd Jēsu Crīst
  uss hafeþþ dōn onn ērþe,
þurrh þatt hē comm tō manne, ꝫ þurrh
  þatt hē warrþ mann onn ērþe.

  Forr ān gōdnesse uss hafeþþ dōn   185
    þe Lāferrd Crīst onn ērþe,

---

[1] fisste.

þurrh þatt hē comm tō wurrþenn mann
  forr all mannkinne nēde.
Ōþerr gōdnesse uss hafeþþ dōn
  þe Lāferrd Crīst onn ērþe,   190
þurrh þatt he was ī flumm Jorrdān
  fullhtnedd forr ūre nēde;
forr þatt hē wollde uss waterrkinn
  till ūre fulluhht hallȝhenn,
þurrh þatt hē wollde bēn himm-sellf   195
  onn ērþe ī waterr fullhtnedd.
Þe þridde gōd uss hafeþþ dōn
  þe Lāferrd Crīst onn ērþe,
þurrh þatt hē ȝaff hiss āȝhenn līf
  wiþþ all hiss fulle wille,   200
tō þolenn dæþ[1] ō rōdetrē
  sacclæs wiþþūtenn wrihhte,
tō lēsenn mannkinn þurrh hiss[2] dæþ
  ūt off þe dēfless wālde.
Þe fērþe gōd uss hafeþþ dōn   205
  þe Lāferrd Crīst onn ērþe,
þurrh þatt hiss hallȝhe sāwle stāh
  frā rōde dūn till helle,
tō tăkenn ūt off helle wā
  þā gōde sāwless alle,   210
þatt haffdenn cwemmd himm ī þiss līf
  þurrh sōþ unnshaþīȝnesse.
Þe fīfte gōd uss hafeþþ dōn
  þe Lāferrd Crīst onn ērþe,
þurrh þatt hē rās forr ūre gōd   215
  þe þridde daȝȝ off dæþe,
ꝺ lēt te posstless sēn himm wēl
  inn hiss mennisske kīnde;

---

[1] dæþþ.   [2] his.

forr þatt hē wollde fesstnenn swā
    sōþ trowwþe ī þeʒʒre brēstess   220
off þatt hē, wiss tō fulle sōþ,
    wass risenn upp off dæþe,
꒿ ī þatt illke flæsh þatt wass
    forr uss ō rōde naʒʒledd ;
forr þatt hē wollde fesstnenn wēl   225
    þiss trowwþe ī þeʒʒre brēstess,
hē lḗt te posstless sēn himm wēl
    well offte-sīþe onn ērþe,
wiþþinnenn daʒʒess fowwerrtīʒ
    frā þatt hē rās off dæþe.   230
Þe sexte gōd uss hafeþþ dōn
    þe Lāferrd Crīst onn ērþe,
þurrh þatt hē stāh forr ūre gōd
    upp inntill heffness blisse,
꒿ sennde siþþenn Hālīʒ Gāst   235
    till hise Lērninngcnihhtess,
tō frōfrenn[1] ꒿ tō bēldenn hemm
    tō stanndenn ʒæn þe dēfell,
tō gifenn hemm gōd witt inōh
    off all hiss hallʒhe lāre,   240
tō gifenn hemm gōd lusst, gōd mahht,
    tō þolenn alle wāwenn,
all forr þe lufe off Godd, ꒿ nohht
    forr ērþlīʒ loff tō winnenn.
Þe seffnde gōd uss shall ʒḗt dōn   245
    þe Lāferrd Crīst onn ēnde,
þurrh þatt he shall ō Dōmess daʒʒ
    uss gifenn heffness blisse,
ʒiff þatt wē shulenn wurrþī bēn
    tō fîndenn Godess āre.   250

[1] frofren.

Þuss hafeþþ ūre Lāferrd Crīst
  uss dōn gōdnessess seffne,
þurrh þatt tatt hē tō manne comm,
  tō wurrþenn mann onn ērþe.

˥ ō þatt hallȝhe bōc þatt iss   255
  apokalypsis nemmnedd
uss wrāt te posstell Sannt Jōhān,
  þurrh Hālīȝ Gāstess lāre,
þatt hē sahh upp inn heffne ān bōc
  bisett wiþþ seffne innseȝȝless,   260
˥ sperrd swā swīþe wēl þatt itt
  ne mihhte nān wihht oppnenn[1],
wiþþūtenn Godess hallȝhe Lāmb
  þatt hē sahh ēc inn heffne.

˥ þurrh þā seffne innseȝȝless wass   265
  rihht swīþe wēl bitācnedd
þatt sefennfāld gōdleȝȝc þatt Crīst
  uss dide þurrh hiss cōme;
˥ tatt nān wihht ne mihhte nohht
  oppnenn þā seffne innseȝȝless,   270
wiþþūtenn Godess Lāmb, þatt comm,
  forr þatt itt shollde tācnenn
þatt nān wihht, nān enngell, nān mann,
  ne nāness kinness shaffte,
ne mihhte þurrh himm sellfenn þā   275
  seffne gōdnessess shæwenn
ō mannkinn, swā þatt itt mannkinn
  off helle mihhte lēsenn,
ne gifenn mannkinn lusst, ne mahht,
  tō winnenn heffness blisse.   280

˥ all allswā se Godess Lāmb,
  all þurrh hiss āȝhenn mahhte,

---

[1] opnenn.

lihhtlīke mihhte] wēl inōh
   þā seffne innseʒʒless oppnenn,
all swā þe Lāferrd Jēsu Crīst,   285
   all þurrh his āʒhenn mahhte,
wiþþ Faderr] wiþþ Hāliʒ Gāst
   ān Godd] all ān kīnde,
allswā rihht hē lihhtlīke inōh
   ] wēl wiþþ alle mihhte   290
ō mannkinn þurrh himm sellfenn þā
   seffne gōdnessess shæwenn,
swā þatt hē mannkinn wēl inōh
   off helle mihhte lēsenn,
] gifenn mannkinn lufe] lusst,   295
   ] mahht] witt] wille,
tō stanndenn inn tō cwēmenn Godd,
   tō winnenn heffness blisse.
] forr þatt hālīʒ Goddspellbōc
   all þiss gōdnesse uss shæweþþ,   300
þiss sefennfāld gōdleʒʒc þatt Crīst
   uss dide þurrh hiss āre,
forr-þī birrþ all Crisstene follc
   Goddspelless lāre follʒhenn.
] tærfore hafe icc turrnedd itt   305
   inntill Ennglisshe spæche,
forr þat ī wollde blīþelīʒ
   þatt all Ennglisshe lēde
wiþþ ære shollde lisstenn itt,
   wiþþ herrte shollde itt trowwenn,   310
wiþþ tūnge shollde spellenn itt,
   wiþþ dēde shollde itt follʒhenn,
tō winnenn unnderr Crisstenndōm
   att Crīst sōþ sāwle berrhless.
] Godd Allmahhtīʒ ʒife uss mahht   315
   ] lusst] witt] wille,

tō follʒhenn þiss Ennglisshe bōc
  þatt[1] all iss hālīʒ lāre,
swā þatt wē mōtenn wurrþī bēn
  tō brūkenn heffness blisse.   320
     Am[æn]. Am[æn]. Am[æn];
Icc þatt tiss Ennglissh hafe sett
  Ennglisshe menn tō lāre,
icc was þær þær ī crisstnedd wass
  Orrmīn bī name nemmnedd.
ꝺ icc Orrmīn full innwarrdlīʒ   325
  wiþþ mūþ ꝺ ēc wiþþ herrte
hēr bidde þā Crisstene menn,
  þatt hērenn ōþerr rédenn
þiss bōc, hemm bidde icc hēr þatt teʒʒ
  forr mē þiss bede biddenn,   330
þatt brōþerr þatt tiss Ennglissh writt
  allr-æresst wrāt ꝺ wrohhte,
þatt brōþerr forr hiss swinnc tō læn
  sōþ blisse móte fīndenn.
        Am[æn].

HOMILIES.

ꝺ nū icc ẇile shæwenn ʒūw   962
  summ dēl, wiþþ Godess hellpe,
off þatt Jūdisskenn follkess lāc
  þatt Drihhtīn wass full cwēme,   965
ꝺ mikell hellpe tō þe follc,
  tō læredd ꝺ tō læwedd,
biforenn þat te Lāferrd Crīst
  wass borenn hēr tō manne.

---

[1] þat.

Acc nū ne geȝȝneþþ itt hemm nohht   970
   tō winnenn ēche blisse
þohh þat teȝȝ stanndenn daȝȝ ⁊ nihht
   tō þeowwtenn Godd ⁊ lākenn;
forr all itt iss onnȝæness Godd
   þohh þatt teȝȝ swā ne wēnenn,   975
forr-þī-þatt teȝȝ ne kēpenn nohht
   n'off Crīst, n'off Crīstess mōderr.

⁊ tohh swāþehh nū wile icc ȝūw
   off þeȝȝre lākess awwnenn,
hū mikell gōd teȝȝ tācnenn uss   980
   off ūre sāwle nēde;
forr all þatt lāc wass sett þurrh Godd,
   forr þatt itt shollde tācnenn,
hū Crīstess þeoww birrþ lākenn Crīst
   gāstlīke ī gōde þæwess,   985
wiþþ all þatt tatt bitācnedd wass
   þurrh alle þeȝȝre lākess.

Þatt follkes lāc wass shēp, ⁊ gāt,
   ⁊ oxe, ⁊ cullfre, ⁊ turrtle,
⁊ teȝȝre lāc wass bule, ⁊ lāmb,   990
   ⁊ buckess twā tōgeddre,
⁊ rēclessmēc, ⁊ bulltedd bræd
   þatt bakenn wass inn ofne,
⁊ smeredd wēl wiþþ elesæw
   ⁊ makedd fatt ⁊ nesshe;   995
⁊ ōþerr stūnd tatt lāc wass bræd
   all þeorrf wiþþūtenn berrme;
⁊ ōþerr stūnd itt bakenn wass
   full harrd ⁊ starrc inn ofne;
⁊ ōþerr stūnd tatt lāc wass brennd   1000
   ⁊ turrnedd all till asskess.

⁊ aȝȝ wass sallt wiþþ ïwhillc lāc
    biforenn Drihhtīn offredd ;
⁊ tatt wass dōn, þatt witt tū wēl,
    forr mikell þīng tō tācnenn.   1005
All þeȝȝre lāc wass swillc ⁊ swillc,
    forr ōþerr þing tō tācnenn,
þatt uss iss swīþe mikell nēd
    tō follȝhenn ⁊ tō trowwenn ;
forr uss birrþ nū biforenn Godd   1010
    offrenn þā lākess alle,
rihht ō þatt wīse þatt uss iss
    bitācnedd þurrh þā lākess ; ·
⁊ witt tū þatt ān wāȝherifft
    wass spredd frā wāh tō wāȝhe,   1015
biforenn ān allterr þatt wass
    innresst ī þeȝȝre minnstre.
Þatt wāȝherifft wass henngedd tær,
    forr þatt itt hīdenn shollde
all þatt tatt tær wiþþinnenn was   1020
    frā læwedd follc ⁊ læredd,
wiþþūtenn þatt te bisscopp sellf,
    wiþþ blōd ⁊ ēc wiþþ rēcless,
þær shollde cumenn ō þe ȝēr
    ann sīþe, ⁊ all himm áne.   1025
⁊ ennglẹss cōmenn offte þær,
    ⁊ wiþ þe þe bisscopp spækenn
ō Godess hallfe off manīȝwhatt,
    himm ⁊ hiss follc tō frōfrenn.
⁊ bī þatt allterr stōdenn aȝȝ   1030
    þatt follkess hālīȝdōmess,
þatt wærenn inn ān arrke þær
    wēl ⁊ wurrþlīke ȝemmde.
⁊ tær oferr þatt arrke wass
    ān oferrwerrc wēl timmbredd,   1035

þatt wass *Propitiatoriumm*
    ō Latīn spæche nemmnedd,
off þatt wōrd tatt ō Latīn iss
    nemmnedd *Propitiāri*,
þatt maʒʒ onn Ennglissh nemmnedd bēn   1040
    millcenn, ꝛ shæwenn āre,
forr whā se dōþ hiss āre ō þē
    tibi propitiātur,
affterr þatt itt maʒʒ wēl inōh
    bēn seʒʒd ō Latīn spæche.   1045
ꝛ tær uppō þatt oferrwerrc
    þeʒʒ haffdenn liccness mētedd
off Cherubȳn, ꝛ haffdenn itt
    ō tweʒʒenn stokess mētedd.
All enngleþēod tōdæledd iss   1050
    ō niʒhenn kinne þēode;
ꝛ Cherubȳn ꝛ Seraphȳn
    sinndenn þā tweʒʒenn þēode,
þatt sinndenn Drihhtīn allre-nēst,
    ꝛ hēhʒhesst[1] upp inn heoffne.   1055
ꝛ off þatt ān, off Cherubȳn,
    þeʒʒ haffdenn liccness mētedd
uppō þatt oferrwerrc þatt wass
    abufenn þ'arrke timmbredd.
ꝛ att te minnstredure wass   1060
    ān allterr þær wiþþūtenn;
ꝛ bī þatt allterr wass þe lāc
    ō fele wīse ʒarrkedd
þurrh prēostess, alls uss seʒʒþ sōþ bōc,
    off Aarōness chilldre.   1065
ꝛ ō þatt allterr haffdenn þeʒʒ
    glōwennde glēdess ʒarrkedd.

---

[1] hehthesst.

⁊ off þatt errfe þatt tær wass
  Drihhtīn tō lāke ȝarrkedd,
himm tōc þe bisscopp off þe blōd,   1070
  swā summ hiss bōc himm tahhte,
⁊ glēdess inn hiss rēclefatt
  hē tōc þær ō þatt allterr,
⁊ dide rēcless inn inōh
  Drihhtīn þærwiþþ tō þeowtenn,   1075
aȝȝ whann hē shollde ganngenn inn
  upp tō þatt ōþerr allterr;
þatt wass aȝȝ æness ō þe ȝēr,
  ⁊ aȝȝ himm sellf himm āne,
forr mikell þīng tō tācnenn uss   1080
  þatt uss birrþ alle trowwenn.
Hē tōc þe rēcless ⁊ te blōd
  ⁊ ȝēde upp tō þatt allterr
þatt wass wiþþinnenn wāȝheriſſt,
  swā summ icc habbe shæwedd,   1085
⁊ tanne brennde hē rēcless þær,
  tō þeowwtenn Godd tō cwēme,
swā þatt tær wass swā mikell smēc
  off rēcless att tatt allterr,
þatt all hē wass himm sellf þær hidd   1090
  ⁊ lokenn þær wiþþinnenn;
⁊ tōc himm þā þatt illke blōd
  þatt hē þær haffde greȝȝþedd,
þatt blōd tatt hē þær haffde brohht,
  ⁊ warrp itt tær wiþþ strenncless,   1095
eȝȝwhær uppō þatt hallȝhe bōrd,
  ⁊ eȝȝwhær ō þatt allterr.
⁊ siþþenn ȝēde hē þeþenn ūt
  tō strennkenn ī þe kirrke
wiþþūtenn þeȝȝre wāȝheriſſt,   1100
  swā summ hiss bōc himm tahhte.

⁊ siþþenn comm hē till þe follc
   ⁊ wessh himm hise clāþess,
acc þohh swāþehh hē wass all daȝȝ
   unnclēne an-ān till ēfenn.   1105

Nū habbe icc shæwedd ȝūw summ dēl
   off þā Jūdisskenn lākess,
þatt Drihhtīn tōc full ædmōdlīȝ
   biforenn Crīstess cōme,
⁊ off þatt prēost tatt tanne wass,   1110
   ⁊ off þatt bisscopp bāþe.
⁊ ēc icc habbe shæwedd ȝūw
   summ dēl off þeȝȝre wīkenn.
⁊ nū icc wile shæwenn ȝūw
   all þatt whatt itt bitācneþþ,   1115
⁊ hū itt maȝȝ ȝūw turrnenn all
   till ȝūre sāwless hellpe,
⁊ hū ȝē muȝhenn lākenn Godd
   gāstlīke ī gōde þæwess,
wiþþ all þatt Jūdewisshe lāc   1120
   þatt icc ȝūw habbe shæwedd;
forr ȝūw birrþ nū biforenn Godd
   offrenn þā lākess alle,
all ō þatt wīse þatt ȝūw iss
   bitācnedd þurrh þā lākess.   1125
Þā lākess mihhtenn clennsenn hemm
   off sakess ⁊ off sinness,
⁊ gladenn Godd, ȝiff þatt hē wass
   hemm wrāþ forr heore gillte.
⁊ witt tū wēl þatt Latīn bōc   1130
   full witerrlīke uss kīþeþþ,
whillc lāc wass offredd forr þe prēost,
   whillc forr þe bisscopp offredd,

⁊ whillc wass offredd forr þe follc,
  tō clennsenn hemm off sinne. 1135

Þe ramm wass offredd for þe prēost,
  tō clennsenn him off sinne,
⁊ forr þe bisscopp was þe callf
  offredd ō þeȝȝre wīse,
⁊ forr þe follc wass offredd bucc, 1140
  Drihhtīn tō lofe ⁊ wurrþe,
þatt hē þeȝȝm þurrh hiss mildherrtleȝȝc
  forrȝæfe þeȝȝre gilltess.
Hēr habbe icc shæwedd þrinne lāc
  forr þrinne kinne lēode, 1145
forr bisscopp ⁊ forr unnderrprēost,
  ⁊ forr þe follkess nēde.
⁊ ūre Lāferrd Jēsu Crīst
  badd hise bedess þrīȝess,
biforenn þatt hē takenn wass 1150
  ⁊ naȝȝledd uppō rōde.
⁊ tær hē badd forr alle þā
  þatt onn himm sholldenn lēfenn,
forr biscopp ⁊ forr unnderrprēost,
  ⁊ ēc forr læwedd lēode ; 1155
⁊ māre wass hiss bede wurrþ
  þann alle þeȝȝre lākess,
tō lēsenn ⁊ tō clennsenn menn
  off alle kinne gillte,
⁊ tohh swāþehh wass þeȝȝre lāc, 1160
  biforenn Crīstess cōme,
Drihhtīn full cwēme inn alle þā
  þatt Godess laȝhess hēldenn.
  nū icc wile shæwenn ȝūw,
  wiþþ mīn Drihhtīness hellpe, 1165

all hū ȝē muȝhenn lākenn Godd
  gāstlīke i gōde þæwess,
wiþþ all þatt Jūdewisshe lāc
  þatt ȝūw hēr-uppe iss shæwedd.
Ȝiff þatt tū follȝhesst sōþ mēocleȝȝc   1170
  ⁊ sōþ unnshaþīȝnesse,
þā lākesst tū Drihhtīn wiþþ shēp
  gāstlīke ī þīne þæwess,
swā þatt itt maȝȝ wēl hellpenn þē
  tō winnenn Godess āre;   1175
forr shēp iss all unnskaþefull
  ⁊ stille dēr ⁊ līþe,
⁊ makeþþ itt nān mikell bracc
  ȝiff mann itt wile bīndenn,
ne forrþenn þær mann cwelleþþ itt,   1180
  ne wiþþreþþ itt nohht swīþe.
⁊ forr-þī seȝȝþ þatt Latīn bōc,
  þatt þwerrt ūt nohht ne lēȝheþþ,
þatt ūre Lāferrd Jēsu Crīst
  inn ūre mennisscnesse   1185
tōc þīldilīȝ wiþþūtenn bracc,
  þatt mann himm bānd wiþþ wōȝhe,
rihht all swā summ þe shēp onnfōþ
  mēoclīȝ, þatt mann itt clippeþþ.
⁊ ȝiff þū cwennkesst ī þē sellf,   1190
  ⁊ læresst mē tō cwennkenn
inn mē gālnessess fūle stinnch
  ⁊ hire fūle lusstess,
⁊ follȝhesst aȝȝ clænnessess slōþ,
  ⁊ læresst mē tō follȝhenn,   1195
þā lākesst tū Drihhtīn wiþþ gāt
  gāstlīke i þīne þæwess,
swā þatt itt maȝȝ wēl hellpenn þē
  tō winnenn Godess āre.

HOMILIES. 65

for gāt iss, þatt witt tū full wēl, 1200
  gāl dēor, ꝥ stinnkeþþ fūle,
ꝥ forr-þī tācneþþ itt full wēl
  gālnessess háte stinnchess.

ꝥ forr-þī sinndenn alle þā
  þatt shulenn inntill helle 1205
effnedd wiþþ gǣt, ꝥ nemmnedd gǣt,
  ō Goddspellbōkess lāre,
forr-þī-þatt sinness fūle stinnch
  shall shǣdenn hemm frā Crīste.

ꝥ ȝiff þū follȝhesst skill ꝥ shǣd 1210
  ꝥ witt ī gōde þæwess,
ꝥ hafesst ȝēt, tohh þū bē ȝūng,
  elldernemanness láte,
ꝥ haȝherrlīke lēdesst tē
  ꝥ dafftelīke ꝥ faȝȝre, 1215
ꝥ ummbeþennkesst aȝȝ occ aȝȝ
  hū þū mihht Drihhtīn cwēmenn,
ꝥ lufenn himm ꝥ drēdenn himm
  ꝥ hise laȝhess hāldenn,
wiþþ oxe lākesst tū Drihhtīn 1220
  gāstlīke ī þīne þæwess,
swā þatt itt maȝȝ wēl hellpenn
  tō winnenn Godess āre.

Forr oxe gāþ ō clofenn fōt
  ꝥ shædeþþ hise clawwess, 1225
þurrh whatt hē tācneþþ skill ꝥ shæd
  ꝥ witt ī gōde þæwess.
ꝥ oxe ganngeþþ haȝhelīȝ
  ꝥ āldelīke láteþþ,
ꝥ ȝifeþþ bīsne off þatt tē birrþ 1230
  all haȝhelīke ꝥ faȝȝre
ꝥ dafftelīke lēdenn þē,
  wiþþūtenn bracc ꝥ braþþe,

F

⁊ shæwenn ȝēt, tohh þū bē ȝūng,
    ellderrnemanness lāte.   1235

⁊ oxe chewweþþ þær hē gāþ
    hiss cŭde, ⁊ tær hē stanndeþþ,

⁊ chewweþþ forrþenn þær hē līþ,
    forr þē tō ȝifenn bīsne,

þatt tē birrþ ummbeþennkenn aȝȝ   1240
    ⁊ chewwenn ī þīn heorrte

hū þū mihht cwēmenn þīn Drihhtīn,
    ⁊ winnenn ēche blisse.

Þuss þū mihht lākenn Drihhtīn Godd
    wiþþ oxe ī gōde þæwess,   1245

ȝiff þū þē lēdesst all wiþþ skill,
    ⁊ haȝhelīke ⁊ faȝȝre,

⁊ ummbeþennkesst nihht ⁊ daȝȝ
    hū þū mihht Drihhtīn cwēmenn.

⁊ ȝiff þū firrþresst fremmde menn   1250
    aȝȝ affterr þīne fére,

⁊ arrt tē sellf aȝȝ mīlde ⁊ mēoc,
    ⁊ all wiþþūtenn galle,

wiþþ cullfre lākesst tū Drihhtīn
    gāstlīke ī þīne þæwess,   1255

swā þatt itt maȝȝ wēl hellpenn þē
    tō winnenn Godess āre.

Forr cullfre iss mīlde, ⁊ mēoc, ⁊ swēt,
    ⁊ all wiþþūtenn galle,

⁊ fēdeþþ ōþerr cullfress bridd   1260
    all alls itt wære hire āȝhenn.

⁊ ȝiff þū lēdesst clēne līf,
    ⁊ murrcnesst ī þīn heorrte,

þatt tū swā lannge dwellesst hēr
    swā ferr frā Godess rīche,   1265

⁊ ȝēornesst tatt tū mōte skēt
    upp-cumenn inntill heoffne,

upp till þī Lāferrd Jēsu Crīst,
   tō lofenn himm ꓶ lūtenn,
wiþþ turrtle lākesst tū þīn Godd   1270
   gāstlīke ī þīne þæwess,
swā þatt itt maȝȝ wēl hellpenn þe
   tō winnenn Godess āre.
Forr turrtle lēdeþþ charīȝ līf,
   þatt witt tū wēl tō sōþe,   1275
forr frā þatt hire make iss dæd
   ne kēpeþþ ȝhō nān ōþerr,
acc serrȝheþþ aȝȝ forr-þī-þatt ȝhō
   ne maȝȝ himm nowwhar findenn.
ꓶ ȝiff þatt tū forrlāngedd arrt   1280
   tō cumenn upp till Crīste,
ꓶ nohht ne chēsesst ōþer Godd
   tō follȝhenn ne tō þeowwtenn,
wiþþūtenn Crīst tatt wass. ꓶ iss
   þīn Drihhtīn ꓶ tīn hæfedd,   1285
þā lākesst tū gāstlīke Godd
   wiþþ turrtle ī þīne þæwess.
ꓶ ȝiff þū cwennkesst ī þē sellf
   all þwerrt ūt mōdīȝnesse,
ꓶ læresst[1] ōþre allswā tō dōn   1290
   þurrh lāre ꓶ ēc þurrh bīsne,
wiþþ bule lākesst tū þīn Godd
   gāstlīke ī þīne þæwess,
swā þatt itt maȝȝ wēl hellpenn þē
   tō winnenn Godess āre.   1295
Forr bule lāteþþ mōdilīȝ,
   ꓶ bereþþ upp hiss hæfedd,
ꓶ drīfeþþ ōþre nowwt himm frā
   ꓶ hallt himm all forr lāferrd.

---

[1] lærest.

⁊ ʒiff þū cnāwesst rihht tīn Godd,   1300
  ⁊ herrcnesst hise spelless,
⁊ leʒʒesst all þīn herrte onn himm,
  ⁊ follʒhesst himm ⁊ būʒhesst,
⁊ forr þe lufe off himm forrsēst
  hæþene Goddess alle,   1305
⁊ arrt tē sellf aʒʒ mīlde ⁊ mēoc,
  ⁊ soffte, ⁊ stille, ⁊ līþe,
wiþþ lāmb þū lākesst tīn Drihhtīn
  gāstlīke ī þīne þæwess,
swā þatt itt maʒʒ wēl hellpenn þē   1310
  tō winnenn Godess¹ āre.

Forr lāmb iss soffte ⁊ stille dēor,
  ⁊ mēoc, ⁊ mīlde, ⁊ līþe,
⁊ itt cann cnāwenn swīþe wēl
  hiss mōderr þær ʒhō blæteþþ   1315
bitwēnenn ān þūsennde shēp,
  þohh þatt teʒʒ blætenn alle.
⁊ all swā birrþ þē cnāwenn wēl
  þīn Godd ⁊ all hiss lāre,
⁊ all forrwerrpenn hæþenndōm   1320
  ⁊ ōþre Goddess alle,
swā summ þe lāmb flēþ ōþre shēp,
  ⁊ follʒheþþ aʒʒ hiss mōderr.

Þe Jūdewisshe follkess bōc
  hemm seʒʒde, þatt hemm birrde   1325
twā bukkess samenn [tō] þe prēost
  att kirrkedure brinngenn ;
⁊ teʒʒ þā didenn blīþelīʒ,
  swā summ þe bōc hemm tahhte,
⁊ brohhtenn tweʒʒenn bukkess þær   1330
  Drihhtīn þær-wiþþ tō lākenn.

¹ Godes.

⁊ att te kirrkedure tōc
  þe prēost tā tweʒʒenn bukkess,
⁊ ō þatt ān hē leʒʒde þær
  all þeʒʒre sake ⁊ sinne,   1335
⁊ lēt itt ēornenn forþ wiþþ-all
  ūt inntill wīlde wesste ;
⁊ tōc ⁊ snāþ þatt ōþerr bucc
  Drihhtīn þær-wiþþ tō lākenn.
All þiss wass dōn forr heore nēd,   1340
  ⁊ ēc forr ūre nēde ;
forr hemm itt hallp biforenn Godd
  tō clennsenn hemm off sinne,
⁊ all-swā maʒʒ itt hellpenn þē,
  ʒiff þatt tū willt [itt] follʒhenn.   1345
Ʒiff þatt tū willt full innwarrdlīʒ
  wiþþ fulle trowwþe lēfenn
all þatt tatt wass bitācnedd tær,
  tō lēfenn ⁊ tō trowwenn,
þā maʒʒ þatt trowwþe firrþrenn þē   1350
  tō winnenn Godess āre.
Þā tweʒʒenn bukkess tācnenn uss
  ān Godd off twinne kīnde,
þatt iss þe Lāferrd Jēsu Crīst,
  þatt iss off twinne kīnde.   1355
Forr Jēsu Crīst iss ful iwiss
  sōþ Godd ī Goddcunndnesse,
⁊ hē iss ēc tō fulle sōþ
  sōþ mann ī mennisscnesse ;
forr Crīst iss bāþe Godd ⁊ mann,   1360
  ān hād off twinne kīnde,
⁊ tiss birrþ trowwenn īwhillc mann
  þatt ʒēorneþþ Godess āre.
Ān bucc rann þær a-weʒʒ all cwicc
  wiþþ all þe follkess sinne,   1365

⁊ Crīstess Goddcunndnesse wass
    all cwicc ⁊ all unnpīnedd,
þær Crīst wass uppō rōdetrēo
    naȝȝledd forr ūre nēde.
⁊ Crīstess Goddcunndnesse all cwicc   1370
    ⁊ all wiþþūtenn pīne
barr ūre sinness þær a-weȝȝ
    þær Crīstess mennisscnesse
drannc dæþess drinnch ō rōdetrēo
    forr ūre wōȝhe dēdess.   1375
⁊ all swā summ þatt ōþerr bucc
    tōc þær wiþþ dæþess pīne,
tō wurrþenn þær Drihhtīn tō lāc
    forr all þe follkess sinne,
all swā tōc Crīstess mennisscleȝȝc   1380
    wiþþ dæþess pīne ō rōde,
forr þatt hē wollde wurrþenn þær
    offredd Drihhtīn tō lāke,
forr uss tō clennsenn þurrh hiss dæþ
    off sinness unnclænnesse.   1385
⁊ all swā summ þatt cwike bucc
    comm inntill wīlde wesste,
all swa comm Crīstess Goddcunndleȝȝc
    all cwicc upp inntill heoffne,
þatt wass biforenn Crīstess dæþ   139c
    swa summ itt wesste wære,
forr-þī-þatt bāþe enngless ⁊ menn
    itt haffdenn ær forrworrpenn.
Forr enngless haffdenn heoffness ærd
    forrlorenn all wiþþ rihhte ;   139.
forr þatt teȝȝ wolldenn effnenn hemm
    ȝæn Godd þurrh mōdīȝnesse ;
forr whatt teȝȝ fellenn sōne dūn
    off heoffne unntill helle

till ēche wā, forr-þī-þatt teȝȝ   1400
  forrwurrpenn ēche blisse.
˥ alle þā þatt fellenn swa
  þeȝȝ sinndenn lāþe dēofless,
˥ standenn inn þurrh hēte ˥ nīþ
  tō scrennkenn menness sāwless.   1405
Acc þū mihht werenn þē frā þeȝȝm
  þurrh rihhte læfe ō Crīste,
˥ þurrh þatt weorrc þatt tær-tō līþ
  wiþþ Jēsu Crīstess hellpe.
˥ ūre tweȝȝenn forrme menn,   1410
  þatt Drihhtīn shōp off ēorþe,
forrlurenn ēc forr heore gillt
  wiþþ rihht dōm heoffness blisse,
þurrh þatt teȝȝ forr þe dēofless rāþ
  Drihhtīness rāþ forrwurrpenn;   1415
˥ all forr-þī wass heoffness ærd
  swā summ itt wesste wære,
forr-þī-þatt bāþe enngless ˥ menn
  itt haffdenn ær forrworrpenn.
˥ Crīstess Goddcunndnesse comm   1420
  cwicc inntill heoffness wesste
wiþþ ūre sinne, ī þatt tatt Crīst
  tōc dæþ forr ūre sinne,
all all-swā summ þatt bucc attrann
  ūt inntill wīlde wesste   1425
all cwicc, ˥ barr aweȝȝ wiþþ himm
  þe follkess sake ˥ sinne.
˥ ȝiff þatt iss þatt tū willt nū
  wiþþ fulle trowwþe lēfenn,
þatt Crīst iss bāþe Godd ˥ mann,   1430
  ān hād off twinne kīnde;
˥ ȝiff þatt iss þatt tū willt nū
  wiþþ fulle trowwþe lēfenn,

þatt Crīstess Goddcunndnesse wass
  all cwicc ꝫ all unnpīnedd,   1435
þær Crīst wass dæd ō rōdetrēo
  forr all mannkinne nēde;
ꝫ ȝiff þatt iss þatt tū willt nū
  wiþþ fulle trowwþe lēfenn,
þatt Crīst, tær hē wass ō þe trēo   1440
  naȝȝledd forr ūre nēde,
drāh harrd ꝫ hefīȝ pīne inōh
  þurrh fīfe grimme wūndess,
þā mihht tū lākenn þīn Drihhtīn
  gāstlīke i sōþfasst læfe,   1445
wiþþ all þatt tē tō trowwenn wass
  þurrh þā twā bukkess tācnedd.
ꝫ ȝiff þū cwēmesst tīn Drihhtīn
  bī daȝȝess, ꝫ bī nihhtess,
wiþþ fasstinng, ꝫ wiþþ bedesāng,   1450
  wiþþ cnēlinng, ꝫ wiþþ wecche,
þā lākesst tū wiþþ rēcless swā
  þīn Godd ī þīne þæwess,
swā þatt itt maȝȝ wēl hellpenn þē
  tō winnenn Godess āre.   1455
Forr all all-swā summ rēcless-smḗc
  iss swḗt biforenn manne,
all all-se is swḗt biforenn Godd
  þe gōde manness bēne.
ꝫ ȝiff þīn herrte is ārefull,   1460
  ꝫ mīlde, ꝫ soffte, ꝫ nesshe,
swā þatt tu mihht wēl árenn himm
  þatt iss ȝæn þe forrgilltedd,
ꝫ all forrȝifenn himm full-nēh
  þe rihhte dōmess wræche,   1465
aȝȝ whann se þū forrȝifesst tuss
  þīn wraþþe ꝫ ēc þīn wræche,

aȝȝ þanne lākesst tū þīn Godd
  gāstlīke ī þīne þæwess,
wiþþ lāf þatt iss wiþþ elesæw   1470
  all smeredd wēl ⁊ nesshedd.
Þe rihhte dōm iss starrc ⁊ harrd
  ⁊ all þe rihhte wræche,
swā summ itt wære scorrcnedd lāf
  þatt iss wiþþūtenn crummess.   1475
⁊ āre ⁊ millce ⁊ mildherrtleȝȝc
  ⁊ rihht forrȝifenesse,
þatt iss þatt lāf þatt smeredd iss
  wiþþ elesæw ⁊ nesshedd.
⁊ ȝiff þatt tū willt makenn lāf,   1480
  þū þresshesst tīne shæfess,
⁊ siþþenn winndwesst tū þīn cōrn,
  ⁊ frā þe chaff itt shædesst,
⁊ gaddresst swā þe clēne cōrn
  all frā þe chaff tōgeddre,   1485
⁊ grīndesst itt, ⁊ cnedesst itt,
  ⁊ harrdnesst itt wiþþ hæte ;
⁊ tanne mahht tū þīn Drihhtīn
  lākenn þær-wiþþ tō cwēme,
ȝiff þatt tū lēdesst hāliȝ līf   1490
  ī þohht, ī wōrd, ī dēde.
⁊ tū mihht ēc gāstlīke lāf
  onn ōþerr wīse ȝarrkenn,
⁊ lākenn þīn Drihhtīn þær-wiþþ
  well swīþe wēl tō cwēme.   1495
Ȝiff þatt iss þatt tū þurrh þīn spell
  till rihhte læfe turrnesst
þatt flocc þatt wass tōskeȝȝredd ær
  þurrh fele kinne dwīlde,
þā þresshesst tū þīn cōrn wiþþ fleȝȝl,   1500
  ī þatt tatt tū þeȝȝm shæwesst,

hū sinnfull līf þeʒʒ leddenn ær,
⁊ hū þeʒʒ cwemmdenn dēofell,
⁊ hū þeʒʒ haffdenn addledd wēl
tō drēʒhenn ēche pīne,   1505
⁊ hū þeʒʒm haffde Drihhtīn all
forr heore wōh forrworrpenn ;
wiþþ swillc þū þresshesst wēl þe follc,
ʒiff þatt tū þuss hemm tælesst ;
forr ʒiff þū shæwesst mē mīn wōh   1510
⁊ tælesst mīne weorrkess,
⁊ seggesst swillc ⁊ swillc wass þū,
þū þresshesst mē wiþþ wōrdess.
⁊ ʒiff þū shæwesst hemm off Godd
⁊ off hiss æddmōdnesse,   1515
hū wēl hē takeþþ aʒʒ wiþþ þā
þatt sēkenn Godess āre,
⁊ ʒiff þū shæwesst hemm whatt læn
iss ʒarrkedd hemm inn heoffne,
ʒiff þatt teʒʒ takenn Crisstenndōm   1520
⁊ Crīstess laʒhess hāldenn,
⁊ spēdesst wiþþ þīn spell swā wēl
þatt teʒʒ itt unnderrfanngenn,
⁊ turrnenn till þe Crisstenndōm
⁊ till þe rihhte læfe,   1525
⁊ shædenn frā þatt hæþenn follc
þatt Godd iss all unncwēme,
forr þatt itt iss þatt illke chaff
þatt helle fīr shall bærnenn,
þā winndwesst tū þīn þrosshenn cōrn   1530
⁊ frā þe chaff itt shædesst,
⁊ gaddresst swā þe clēne cōrn
all frā þe chaff tōgeddre.
Forr þurrh þatt tatt tū læresst hemm
tō bēn sammtale ⁊ sahhte   1535

tō þeowwtenn ān Allmahhtīʒ Godd
   wiþþ ānfāld rihhte læfe[1],
] aʒʒ tō bēn ummbenn þatt ān
   tō winnenn ēche blisse,
þurrh þatt tū sammnesst hemm ī Godd   1540
   þū gaddresst cōrn tōgeddre.
Annd þurrh þatt tū primmseʒʒnesst hemm,
   ] spellesst hemm,] læresst
all tō forrwerrpenn mōdīʒleʒʒc,
   ] harrd] grammcūnd herrte,   1545
] aʒʒ tō follʒhenn sōþ mēocleʒʒc
   wiþþ luffsumm æddmōdnesse,
þær-þurrh þū brekesst wēl þīn cōrn,
   ] grīndesst itt] nesshesst.
] þurrh þatt tatt tū fullhtnesst hemm   1550
   ] unnderr waterr dippesst,
þū sammnesst all þī mele inn-ān
   ] cnedesst itt tōgeddre,
swā þatt teʒʒ shulenn alle bēn
   ān bodīʒ] ān sǎwle.   1555
] Jēsu Crīst himm-sellf shall bēn
   uppō þatt bodīʒ hæfedd,
tō fēdenn] tō fosstrenn hemm,
   tō stēorenn] tō berrʒhenn.
] þurrh þatt tatt tū læresst hemm   1560
   tō þolenn illc unsellþe
wiþþ innwarrd heorrte] sōþfasst þīld,
   all forr þe lufe off Crīste,
all forr þatt lufe þatt iss hǎt
   ī Crīstess þeowwess heorrte,   1565
þær-þurrh þū bakesst Godess lāf
   ] harrdnesst itt þurrh hæte,

---

[1] lafe.

þurrh þatt tū harrdnesst hemm wiþþ spell
  tō þolenn illc unnseollþe
wiþþ sōþfasst þīld, all forr þatt fīr   1570
  þatt sōþfasst lufe follȝheþþ.
Forr sōþfasst lufe bærnẹþþ aȝȝ,
  lōc ȝiff þū't mihht ohht fīndenn,
ꝺ whær s' itt iss itt harrdneþþ all
  þe gōde manness heorrte,   1575
tō þolenn wiþþ fullfremedd þīld
  all þatt tatt iss unnsellþe.
ꝺ sōne summ þīn lāf bēþ wēl
  all greþþedd tuss ꝺ ȝarrkedd,
þā mahht tū lakenn Godd wiþþ all   1580
  gāstlīke wēl tō cwēme.
Forr Drihhtīn takeþþ ædmōdlīȝ
  wiþþ þā þatt till himm turrnenn,
ꝺ ȝiff þū lēdesst clēne līf
  onn alle kinne wīse,   1585
þā lākesst tū þīn Drihhtīn swā
  gāstlīke ī þīne þæwess,
wiþþ þerrflinng bræd swā þatt tū mihht
  Drihhtīness āre winnenn.
Forr þerrflinng bræd iss clēne bræd, 1590
  forr þatt itt iss unnberrmedd,
ꝺ itt bitācneþþ clēne līf,
  ꝺ alle clēne þæwess,
ꝺ clēne þohht, ꝺ clēne wōrd,
  ꝺ alle clēne dēdess.   1595
ꝺ ȝiff þīn heorrte iss harrd ꝺ starrc,
  ꝺ stẹdefasst ō Crīste,
tō þolenn forr þe lufe off himm
  all þatt tatt iss tō drēȝhenn,
þā lākesst tū þīn Drihhtīn swā   1600
  gāstlīke ī þīne þæwess,

wiþþ fasst ꜩ fīndīȝ lāf ꜩ harrd
wiþþinnenn ꜩ wiþþūtenn,
swā þatt itt maȝȝ wēl hellpenn þē
   tō winnenn Godess āre.   1605

ꜩ ȝiff þū mihht forrwerrpenn hēr
   þī faderr, ꜩ tī mōderr,
ꜩ wīf, ꜩ chīld, ꜩ hūs, ꜩ hām,
   ꜩ frēond, ꜩ lānd, ꜩ ahhte,
ꜩ all forrwerrpenn hēr þwerrt ūt   1610
   bitwēnenn menn tō biggenn,
ꜩ lēdenn harrd ꜩ hālīȝ līf
   all āne ī wīlde wesste,
ꜩ pīnenn þær þī bodiȝ ā
   wiþþ chĕle ꜩ þrisst ꜩ hunngerr,   1615
wiþþ fasstinng, ꜩ wiþþ swincc ꜩ swāt,
   wiþþ bedess, ꜩ wiþþ wecchess,
þā mihht tū lākenn swā þīn Godd
   gāstlīke ī þīne þæwess
wiþþ lāc, þatt all þwerrt ūt bēoþ brennd   1620
   Drihhtīn tō lŏfe ꜩ wurrþe,
swā þatt itt bēoþ þe rihht inōh
   tō winnenn Godess āre.

Forr þū ne mihht nohht lēdenn hēr
   nā bettre līf onn eorþe,   1625
þann iss þatt tū þweorrt ūt forrsē,
   ꜩ all þwerrt ūt forrwerrpe
all weorelldlīke līf ꜩ lusst,
   ꜩ flē frā menn till wesste,
ꜩ tær wiþþ harrd ꜩ hālīȝ līf   1630
   bēo ȝeorrnfull Crīst tō cwēmenn.
Forr swillc līf iss all þwerrt ūt dæd
   frā weorelldshipess lusstess,
ꜩ itt iss turrnedd all þurrh fīr
   off sōþfasst lufe ō Crīste   1635

till dusst, forr-þī-þatt swillke menn
    sōþfasst mēocnesse follȝhenn.
⁊ aȝȝ wass sallt wiþþ īwhillc lāc,
    forr þatt itt shollde tācnenn
þatt all þatt tū willt offrenn Godd,   1640
    ȝiff þatt itt shall himm cwēmenn,
all birrþ itt offredd bēn wiþþ skill,
    ⁊ all wiþþ luffsumm heorrte,
swā þatt itt bē clennlīke dōn,
    off rihhtbiȝetenn ahhte,   1645
swā þatt te Lāferrd Jēsu Crīst
    swētlīke itt unnderrfannge.
Þiss wass bitācnedd þurrh þe sallt
    þatt ūre mĕte swéteþ,
ȝiff þatt iss þatt mann wile itt dōn   1650
    wiþþ witt ⁊ skill þærinne.
Forr witt ⁊ skill iss wēl inōh
    þurrh salltess smacc bitācnedd,
⁊ tatt forr-þī-þatt witt ⁊ skill
    iss gōd inn alle þīnge,   1655
all swā summ sallt iss swīþe gōd
    þær þær itt tō-bilimmpeþþ;
⁊ all forr-þī wass æfre sallt
    wiþþ alle lākess offredd,
forr-þī-þatt nohht ne maȝȝ bēn dōn   1660
    Allmahhtīȝ Godd tō cwēme,
būt iff itt bē wiþþ witt ⁊ skill
    ⁊ luffsummlīke fōrþedd.
All þuss þū mahht nū lākenn Godd
    gāstlīke i þīne þæwess,   1665
wiþþ all þatt lāc þatt offredd wass
    biforenn Crīstess cōme.

GLOSSARY.

THE arrangement mainly follows the spellings and forms of the Aŋcren Riwle.

æ and *ea* are both ranged under *ȩ̄*; *k* under *c*, *v* under *f*, ȝ under *g*, *j* under *i*, and *wh* under *hw*.

Words beginning with the prefix *i* must be sought under their root: *icwēme* under *cwēme*, &c.

        * denotes French words.

        † denotes words and forms of the Ormulum.

  sv. = strong verb.   *wv.* = weak verb.   *swv.* = strong-weak verb.

A, *indef. art.*
a = an *prp.*
ā, *av.* for ever.
ā, *interj.* ah !
a-blēnden, *wv.* blind.
abbod, *sm.* abbot.
a-buven, *prp.* above.
a-būten, *prp.*, *av.* around.
†ac, *see* auh.
a-cōlen, *wv.* cool.
a-cwenchen, *wv.* quench.
a-cwikien, *wv.* quicken, come to life, bring to life.
*acwīten, *wv.* free, release.
†adlen, *wv.* earn.
a-drenchen, *wv.* drown.
a-dūn, *av.* down.
adūneward, *av.* downwards.
a-vellen, *wv.* make to fall.
*avez, *spl.* aves.
a-vormest, *av.* at first.
†aȝ, *av.* always.
a-ȝean, aȝein, *prp.*, *av.* against, towards (to meet) ; for ; in exchange for ; back.
aȝeines, *prp.* against.
†āȝhen, *see* ōwen.
a-ginnen, *sv.* begin.
†ahte, *see* ēiht.

al(1), *aj.* all; ' over al,' everywhere; ' mid alle,' ' †wiþ alle,' entirely, altogether; ' alre ȩ̄rest,' first of all.
al, *av.* all, quite, entirely, utterly.
al, *sn.* everything.
a-lēsen, *wv.* release.
alle-gate, *av.* by all means.
alles, *av.* entirely, really.
al-mihti, †almahtīȝ, *aj.* almighty.
al-so, ase, †alswā, †alse, †als, *av.* so, also, as, like ; ' ase nēih . . ase veor,' the nearer . . the further ; ' þȩ̄r ase,' where, &c.
†alter, *s.* altar.
am, *see* bēon.
†amæn, amen.
a-morwen, *av.* on the morrow, next morning.
an, *indef. art.*
an, *prp.* on, in.
*ancheisūn, *sn.* reason.
ancre, *sf.* anchoress, nun.
and, ant, *cj.* and ; but.
*andetted, *prt. ptc.* endebted.
†ān-fāld, *aj.* simple, sincere.
an-hōngen, *wv.* hang.
an-ōn, †anān, *av.* immediately ; continually.

anōn-riht, *av.* immediately.
an-ont, *prp.* in regard to.
ant, *see* and.
* apocalipse, *s.* apocalypse.
†arke, *s.* ark.
a-redden, *wv.* rescue, deliver.
a-reimen, *wv.* redeem.
a-rēowen, *sv.* 'mē arēoweþ,' I pity.
a-rēren, *wv.* raise; cause.
a-riht, *av.* rightly, properly.
a-rīsen, *sv.* arise.
†art, *see* bēon.
*asaumple, *sf.* example.
†askes, *spl.* ashes.
askien, *wv.* ask.
askung, *s.* asking.
a-schunien, *wv. refl.* shun.
ase, *see* alsō.
a-spillen, *wv.* destroy.
asse, *s.* donkey.
a-stünten, *wv.* stop.
atelich, *aj.* repulsive, ugly.
attri, *aj.* poisonous, venomous.
auh, †ac, *av.* but; and.
*autoritĕ, *s.* authority.
a-wei, *av.* away.
a-worpen, *sv.* throw, precipitate.

Bacen, *sv.* bake.
†bad, *see* bidden.
†bar, *see* beren.
bead, *see* bēoden.
*beaubelez, *spl.* trinkets, baubles.
bede, *s.* prayer.
bede-sāng, *s.* song of prayer.
bēih, *see* būwen.
*bekien, *wv.* peck.
†bēlden, *wv.* encourage.
†bēne, *s.* request, prayer.
bēoden, *sv.* offer.
bēon, *sv.* be.
i-bēon, *sv.* be.
beren, *sv.* carry, bear; 'beren up,' hold up.
†berȝhen, *sv.* save, preserve.
†berhles, *s.* salvation.
berken, *sv.* bark.
berme, *s.* leaven.
bernen, †brennen, *wv.* burn.

bersten, *sv.* burst.
bēst, *s.* beast, animal.
bet, *av.* better, rather.
betere, *aj., sb.* better.
bęþ, *sn.* bath.
bī, *prp., av.* by, near; by means of, through.
bi-clüppen, *wv.* embrace.
bi-cumen, *sv.* become.
bidden, *sv.* ask, pray.
bi-vōn, bivongen, *sv.* encompass, contain.
bi-voren, bivore, *prp., av.* before.
bi-geat, *s.* gain.
bi-gīlen, *wv.* beguile.
†biggen, *wv.* dwell.
bi-ginnen, *sv.* begin.
bi-ȝiten, *sv.* get, obtain.
bi-gürdel, *sn.* girdle, belt.
bi-hēve, *s.* profit, benefit.
bi-hōve, *s.* benefit.
bi-hōven, *wv.* be necessary, behove.
bi-hōlden, *sv.* behold, consider.
bi-hōten, *sv.* promise, vow.
bile, *s.* beak, bill.
bi-lęven, *wv.* leave, forsake.
bi-līen, *sv.* slander.
bi-limpen, *sv.* belong.
bīnden, *sv.* bind.
bi-neoþen, *prp.* beneath.
bi-nimen, *sv.* deprive, take away.
bi-ręvien, *wv.* bereave, deprive.
bi-rēounesse, *s.* compassion.
†birþ, *wv., impers.* becomes, befits.
†biscop, *sm.* bishop.
bi-sēchen, *wv.* beseech.
bi-senchen, *wv.* sink.
bi-sēon, *sv.* look.
bi-setten, *wv.* beset, surround, enclose, besiege.
bisi, *aj.* busy, assiduous.
bisiliche, *av.* busily.
bisischipe, *s.* activity.
bīsne, *s.* example, specimen.
bi-spēten, *wv.* spit on.
bi-tęchen, *wv.* entrust.
bi-tellunge, *sf.* excusing, excuse.
bi-tēon, *sv.* bestow.
bi-tōcnen, *wv.* signify, denote.
bitter, *aj., sb.* bitter.

bi-tūnen, *wv.* shut up, enclose.
bi-türnen, *wv.* turn.
bi-twēonen, *prp.* between, among.
*blāmen, *wv.* blame.
blasien, *wv.* blaze.
blēden, *wv.* bleed.
blescien, *wv.* bless.
blēten, *sv.* bleat.
bliscien, *wv.* make happy.
blisse, *s.* joy.
blīpeliche, †blīpelīke, †blīpe-
līʒ, *av.* gladly.
blōd, *sn.* blood.
blǫwen, *sv.* blow.
bǫ, *prn.* both.
bōc, *s.* book.
†bōc-staf, *s.* letter of the alphabet.
bode, *s.* offer.
bodi, *sn.* body.
bōne, *s.* prayer.
bōrd, *s.* table.
†borʒhen, *see* berʒhen.
bōte, *s.* mending, remedy.
bōp, *see* bēon.
bǫpe, *prn., av.* both.
bǫ-twǫ, *prn.* both.
bouhte, *see* büggen.
†brac, *s.* noise.
†brappe, *s.* anger.
brēd, *s.* bread.
breiden, *sv.* braid, plait.
breken, *sv.* break.
†brende, *see* bernen.
brēost, *s.* breast.
brēp, *sm.* vapour, odour.
brēpren, *see* brōper.
bridd, *s.* young bird.
brīdel, *s.* bridle.
brīdlen, *wv.* bridle.
briht, *aj.* bright.
brihten, *wv.* brighten.
brīngen, *wv.* bringen.
brǫd, *aj.* broad.
brōper, *sm.* brother.
brouhte, *see* brīngen.
brūcen, *sv.* enjoy.
bucc, *sm.* he-goat.
büggen, *wv.* buy.
bühp, *see* būwen.
†bule, *sm.* bull.

†bulted, *aj. (prt. ptc.),* boulted,
passed through a sieve.
buruh, †burh, *s.* city.
būten, būte, būt, †butt, *prp.,*
av. without; except, only. ' būt(e)
ʒif,' unless.
būp, *see* büggen.
buven, *prp.* above.
būwen, *sv.* bow, bend.

Cakel, *aj.* cackling.
cakelen, *wv.* cackle.
†calf, *s.* calf.
*caliz, *sm.* chalice.
castel, *s.* castle.
cat(t), *s.* cat.
†chaf, *s.* chaff.
†kanunk, *sm.* canon.
*kecchen, *wv.* catch.
kēne, *aj.* brave.
kēpen, *wv.* heed, care for.
kerven, *sv.* cut.
†charīʒ, *aj.* mourning, sad.
*chāst, *aj.* chaste.
*chāstīement, *s.* rebuking.
*chāstīen, *wv.* rebuke.
*chaungement, *s.* change.
cheffare, *s.* traffic, bargaining.
chēfle, *s.* chatter.
chēflen, *wv.* chatter.
†chele, *s.* chill, cold.
chēoke, *s.* cheek.
chēosen, *sv.* choose.
chēouwen, †chewwen, *sv.* chew.
chēp, *s.* bargain.
chēpien, *wv.* traffic, sell.
chēpild, *sf.* trafficker.
chēpmon, *sm.* merchant, tradesman.
*chēre, *s.* face, countenance ; ap-
pearance.
*cherité, *s.* love, charity.
chīld, *sn.* child.
chirche, †kirke, *s.* church.
kinedōm, *s.* kingdom.
king, *sm.* king.
†kirke-dure, *s.* church-door.
†clawwes, *spl.* claws, hoofs.
clēne, *aj.* pure.
†clenlīke, *av.* purely.
clēnnesse, *sf.* purity.

clensien, *wv.* purify.
cleppe, *s.* clapper.
clīmben, *sv.* climb, rise.
clippen, *wv.* clip, shear.
clofen, *prt. ptc.* cloven.
clōþ, *s.* clothing, clothes.
clūse, *s.* sluice.
cneden, *sv.* knead.
†cnēling, *s.* kneeling.
cnēolen, *wv.* kneel.
kniht, *sm.* knight.
knihtschipe, *sm.* knighthood.
knǫwen, *sv.* know.
*i*knǫwen, *sv.* know, discern.
knütten, *wv.* tye a knot in.
cǫld, *aj.* cold.
cōm, †com, *see* cumen.
†cōme, *s.* coming.
con, const, *see* cunnen.
cōrn, *s.* corn.
cos(s), *s.* kiss.
costnien, *wv.* cost.
†counsail, *s.* counsel.
cǫve, *s.* chough, raven.
*creoisen, *wv.* make the sign of
the cross on, cross.
*crīen, *wv.* cry.
Crīst, *sm.* Christ.
cristen, *aj.* christian.
cristendōm, *s.* christianity.
cristnen, *wv.* christen.
*crücifix, *sn.* crucifix.
†crummes, *spl.* crumbs.
*crūne, *s.* crown.
*crūnien, *wv.* crown.
kū, *sf.* cow.
cude, *s.* cud.
cül(l), *s.* stroke.
†culfre, *s.* pigeon, dove.
cüllen, *wv.* strike.
cumen, *sv.* come ; happen, be.
cünde, *s.* nature, condition.
kündeliche, *av.* naturally.
künne, *s.* kind.
*i*künned, *aj. (prt. ptc.)*, belonging
to a family, descended.
cunnen, *swv.* know. ' þonc cun-
nen,' be grateful for.
*kuplen, *wv.* couple.
*kurteisīe, *s.* courtesy.

kurve, *see* kerven.
küssen, *wv.* kiss.
kūþ, *aj.* known, familiar.
cūþe, *see* cunnen.
kūþen, *wv.* make known, show.
kūþlęchunge, *s.* acquaintance.
cwēd, *s.* evil.
cwellen, *wv.* kill.
cwēme, *aj.* pleasing, agreeable.
cwēme, *s.* gratification. ' tō cwēme,'
agreeably.
*i*cwēme, *aj.* pleasing.
cwēmen, *wv.* please.
cwēne, *sf.* queen.
†cwenken, *wv.* quench, extinguish.
cwęþ, *see* cweþen.
cweþen, *sv.* speak.
cwic, *aj.* alive, living.
*cwitaunce, *s.* payment.

†Daftelīke, *av.* becomingly.
dai, *see* dęi.
*dāme, *sf.* lady.
dawes, *see* dęi.
*debonertē, *s.* kindness.
dęd, *aj.* dead.
dēde, *s.* deed.
dęi, dai, †daȝ, *s.* day.
dęl, *s.* part, share. ' sum dęl,' partly.
dęlen, *wv.* divide, separate.
delven, *sv.* dig.
dēmen, *wv.* judge.
dēor, *s.* animal.
dēore, *aj.* dear, precious.
dēore-wurþe, *aj.* dear, precious.
dēovel, *s.* devil.
*depeinten, *wv.* paint.
derf, *s.* hardship.
dēst, *see* dōn.
*destrüen, *wv.* destroy.
dēþ, *see* dōn.
dēþ, *s.* death.
*dettes, *spl.* debts.
*dettür, *sm.* debtor.
*dialǫge, *s.* dialogue.
†dippen, *wv.* dip.
dōle, *s.* part, division.
dōm, *s.* judgment, opinion. ' dōmes
dai,' doomsday, day of judgment.
dōn, *sv.* do ; put.

†drāh, see· drīen.
†dranc, see drincen.
drauhþ, see drawen.
drawen, sv. draw.
drḛd, s. dread.
drḛden, s(w)v. dread.
drēʒhen, see drīen.
drīen, †drēʒhen, sv. endure.
drīfen, sv. drive.
†drihtīn, sm. Lord.
†drinnch, s. draught.
drinken, sv. drink.
drope, s. drop.
*duble, aj. double.
düde, see dōn.
dulve, see delven.
dust, s. dust.

Ēc, ēke, av. also.
ēche, aj. eternal.
ēchen, †ēken, wv. add.
ḛd-mōd, aj. humble.
†ǣdmōdlīʒ, av. humbly, graciously.
†ǣdmōdnesse, sf. humility.
ḛvere, ḛver, †ǣfre, av. ever.
ḛverich, prn. every, everyone, each
  one.
evesien, wv. clip, cut hair.
evesunge, spl. clippings.
efne, s. power, ability.
efnen, wv. compare.
eft, av. again.
ḛfter, †after, prp. after, according
  to. ' ḛfter þḛt,' as.
ḛi, s. egg.
ḛi, see ḛni.
†ēʒ-hwǣr, av. everywhere.
ēie, s. eye.
eie, s. fear.
ēie-þürel, s. window.
ēih-sihþ, s. eyesight.
ḛihte, †ahte, s. property ; cattle.
eilien, wv. annoy, trouble.
ḛiren, see ḛi.
†elderne-mann, sm. elderly person.
†ele-sǣw, s. oil.
elles, av. else, otherwise.
elles-hwar, av. elsewhere.
ēnde, s. end.
ḛnes, av. once.

engel, sm. angel.
†English, aj., sb. English, English
  language.
ḛni, ḛi, prn. any, anyone.
*entente, s. intention.
ēode, see gōn.
ēornen, see ürnen.
eorþe, s. earth.
eorþen, aj. earthen.
eorþlic, †eorþlīʒ, aj. earthly.
ḛpple, sm. apple.
ḛr, av., cj. before. superl. ḛrest,
  aj., av. first. ' on ḛrest,' first.
†ǣrd, s. country, region.
ḛre, s. ear.
†erfe, s. animal, beast.
erien, wv. plough.
ḛrm, s. arm.
†ernde, s. message.
ḛrt, see bēon.
ḛster-ēven, s. Easter eve.
ḛt, †at, prp. at, by ; from.
ḛt-flēon, sv. escape.
ḛt-hḹlden, sv. withhold.
ḛt-lütien, wv. crouch away, hide.
ḛt-witen, vb. reproach.
ḛþ-cēne, aj. easily seen, manifest,
  apparent.
ḛþe, av. easily, without reluctance.
ḛx, sf. axe.

Fallen, vallen, sv. fall ; belong.
vals, aj., sn. false ; falsehood.
valsien, wv. prove treacherous.
varen, sv. fare, go.
†fasting, s. fasting.
†fatt, aj. fat.
fēden, wv. feed.
vḛder, †fader, sm. father.
vēien, wv. join.
fḛir, aj. fair.
fḛire, †faʒre, av. fairly, beautifully.
vēiung, s. joining.
vel, sn. skin.
fēo-lawe, sm. companion, friend.
veole, †fele, aj. many.
veole-iwōrdede, aj. of many words,
  loquacious.
vēond, sm. enemy ; fiend, devil.
veor(r), †fer, av. far.

feorrene, *av.*, *aj.* from a distance ; distant.

vēorþe, †fērþe, *aj.* fourth.

fếrd, *s.* army.

(*i*)vēre, *sm.* companion, friend.

†fēre, *s.* means.

*vers, †fers, *sn.* verse.

*versalien, *wv.* repeat a verse.

*fẹ̄ste, *s.* feast.

vẹsten, *wv.* fast.

vẹstnien, *wv.* fix, establish, confirm.

vẹ̄t, *see* vōt.

vẹtten, *wv.* fatten.

fīf, *num.* five.

fīfte, *aj.* fifth.

fiht, *sm.* fight, war, contest.

vihten, *sv.* fight.

(*i*)vīnden, *sv.* find.

†fīndīз, *aj.* fruitful, good.

†first, *aj.* first.

†firþren, *wv.* promote, help.

†fleзl, *s.* flail.

flēose, *s.* fleece.

flēoten, *sv.* float, flow.

vlẹ̄sch, *sn.* flesh.

vlīen, †flēon, †flēn, *sv.* flee.

vloc(c), *s.* flock, multitude, large number.

flōd, *s.* flood.

flōd-зẹt, *s.* flood-gate.

†flumm, *s.* river.

vluwen, *see* vlīen.

vǭ, *sm.* foe.

fodder, *s.* fodder.

vōde, *s.* food.

*fol, *aj.* foolish.

volc, *sn.* folk, people.

vǭlden, *sv.* fold.

volewen, †folзhen, *wv.* follow.

*i*vollen, *see* fallen.

vōn, *sv.* sieze, take. 'vōn on,' begin.

*i*vǭnd, *see* vīnden.

vǭndunge, *s.* temptation.

for, *prp.*, *cj.* for ; because. 'for tō, for te,' in order to, to. 'for þat,' because.

vor-bẹd, *see* vorbēoden.

vor-bēoden, *sv.* forbid.

vor-bīsne, *s.* example, parable.

for-blẹnden, *wv.* blind.

fore-ward, *s.* agreement.

for-зiven, *sv.* forgive.

forзifenesse, *s.* forgiveness.

vor-gülten, *wv.* incur guilt. 'vor-gült, †forgilted,' *prt. ptc.* guilty.

†for-lānged, *aj.* (*prt. ptc.*) longing.

vor-lēosen, *sv.* loose.

forloren, *see* vorlēosen.

vorlorenesse, *s.* perdition.

vorme, *aj.* former, first. *superl.* vormest. 'a vormest,' *av.* at first.

vor-saken, *sv.* refuse, reject.

for-schüppen, *wv.* transform.

vorschüppild, *sf.* sorceress.

for-sēon, *sv.* despise.

vor-stoppen, *wv.* stop up.

vor-swoluwen, *wv.* swallow up, devour.

vort, *prp.* until.

vorþ, *av.* forth.

forþen, *av.* also.

vor-þī, *av.*, *cj.* therefore, because. 'for-þī-þat,' because.

vorþien, *wv.* promote ; accomplish, do ; help.

vor-worpen, †forwerpen, *sv.* throw off, cast away, reject.

fostren, *wv.* nourish, foster.

fostrild, *sf.* nurse.

vōt, *s.* foot.

vōur, vōr, †fowwer, *num.* four.

†fowwertīз, *num.* forty.

†frā, *prp.* from, out of. 'frā þat,' after.

frame, *s.* profit.

fremde, *see* vreomede.

frēond, *sm.* friend.

vreomede, †fremde, *aj.* strange.

freomien, *wv.* benefit.

frēo, *aj.* free.

vrēoschipe, *s.* liberality.

freten, *sv.* devour.

vrī-dẹi, *s.* Friday.

vrī-niht, *s.* Good Friday eve.

vrōvre, *s.* consolation.

vrōvren, *wv.* console.

vrom, *prp.* from.

frommard, *prp.* away from.

fūel, *s.* bird.

fūl, *aj.* foul.
ful(l), *aj.* full.
fūle, *av.* foully.
fūlen, *wv.* defile.
†fulfremed, *aj.* (*prt. ptc.*) perfect.
†fulhtnen, *wv.* baptize.
füllen, *wv.* fill, fill up; fulfil.
fulliche, *av.* fully.
†fulluht, *s.* baptism.
fūr, *s.* fire.
fürsen, *wv.* remove.

†Gāl, *aj.* wanton.
galle, *s.* gall.
†gālnesse, *s.* wantonness.
gangen, *see* gǭn.
ȝan-küme, *s.* return.
†ȝarken, *wv.* prepare.
garsume, *s.* treasure.
†gāstlīke, *av.* spiritually.
†gāt, *s.* goat.
ȝē, *prn.* ye.
ȝē̜, *av.* yes.
†ȝēde, *see* gǭn.
gęderen, *wv.* gather.
ȝę̄f, *see* ȝiven.
†geȝnen, *wv.* profit.
ȝēien, *wv.* cry, proclaim.
ȝēlden, *sv.* pay, repay; make good; requite.
ȝēme, *s.* care, heed.
ȝēmen, *wv.* keep.
†ȝǣn, *prp.* against, to.
ȝeond, *prp.* throughout, over.
ȝeonien, *wv.* gape.
ȝēorne, *av.* eagerly, carefully.
ȝeove, *s.* gift.
ȝēr, *s.* year.
gǣt, *see* gāt.
ȝet, ȝete, †ȝēt, *av.* yet, besides, even; already.
ȝę̄t, *s.* gate.
ȝę̄tten, *wv.* consent.
†ȝhō, she.
ȝicchen, *wv.* itch.
ȝif, †iff, *cj.* if, whether. ' ȝif þat,' if.
gīle, *s.* guile, deceit.
gīlen, *wv.* deceive.
†gilt, *s.* guilt.
ȝīrnen, *wv.* desire.

gist, *s.* guest.
gistnen, *wv.* lodge.
ȝiven, *sv.* give.
Ġiwe, *sm.* Jew.
Ġiwerīe, *s.* Jewry.
gladien, *see* ględien.
ględ, *aj.* glad.
glēd, *s.* red-hot coal.
ględien, gladien, *wv.* cheer, rejoice.
ględliche, *av.* gladly.
God, *sm.* God.
gōd, *aj.*, *sn.* good.
godcundnesse, *s.* divinity.
gōd-dēd, *s.* good deed.
Godhēd, *s.* divinity.
gōdien, *wv.* endow.
†gōdleȝc, *s.* benefit.
†gōdnesse, *s.* goodness.
†god-spell, gospel, *sn.* gospel.
†godspell-bōc, *s.* gospel-book.
†godspell-wrihte, *sm.* evangelist.
gǭn, †gangen, *vb.* go.
gospel, *see* godspell.
gǭst, *s.* ghost, spirit.
gǭstlich, *aj.* spiritual.
*grāce, *s.* grace.
gramcund, *aj.* angry.
gredil, *s.* gridiron.
*grēf, *s.* trouble.
†greȝþen, *wv.* prepare.
grēot, *aj.* grit, gravel, sand.
grę̄t, *aj.* thick, coarse, great. *superl.* greast.
grēten, *wv.* greet.
grę̄ten, *wv.* grow large, get fat.
†greþþen, *wv.* bake.
grim(m), *aj.* fierce, severe.
grīnden, *sv.* grind.
grin-stǭn, *s.* grindstone.
grīslich, *aj.* fearful, ghastly.
gripfulnesse, *s.* peacefulness.
grome, *s.* anger.
gründe, *see* grīnden.
*ġüġement, *s.* judgment.
ȝung, *aj.* young.
gürdel, *s.* girdle.

Habben, *wv.* have.
†hād, *s.* rank.
†haȝhelīke, haȝhelīȝ, *av.* quietly.

halewe, *sm.* saint.
half, *aj.* half.
half, *s.* side. 'an ōþer h.' on the other hand, again.
†halȝhen, *wv.* consecrate, sanctify.
†hālīȝdōm, *s.* holy thing.
†halp, *see* helpen.
halt, *see* hǫlden.
ham, *see* heom.
†hardnen, *wv.* harden.
†ȝehāten, *prt. ptc.* called, name
hattre, *see* hǫt.
have, *see* habben.
hē, *prn.* he.
hebben, *sv.* lift, raise up.
hęf, *see* hebben.
hęved, *s.* head.
hęvede, *see* habben.
hęved-luve, *s.* chief love.
hevi, †hefīȝ, *aj.* heavy, severe.
hēie, *av.* highly, high.
hēih, *aj.* high, exalted, august. 'on h.' aloft. *superl.* hēixt, †hēȝhest.
hēi-ward, *sm.* heyward, town's herdsman.
hēld, *see* hǫlden.
hęle, *s.* health, salvation; sanctity.
hęlen, *wv.* heal.
helien, *wv.* hide, conceal.
helle, *s.* hell.
help, *s.* help.
helpen, *sv.* help.
†hem, *see* heom.
hendi, *aj.* skilful; courteous.
†hengen, *wv.* hang, suspend.
henne, *sf.* hen.
hēo, *prn.* she, they.
heovene, †heofne, †hefne, *sf.* heaven.
hēold, *see* hǫlden.
heom, ham, †hem, *prn.* them.
heorde-mon(n), *sm.* herdsman.
†heore, hore, †here *prn.* their.
heort, *s.* hart.
heorte, *sf.* heart.
heorteliche, *av.* heartily, cheerfully.
hēowien, *wv.* colour.
hēr, *av.* here. 'hēr-bī,' &c., hereby, by this.

hercnen, *wv.* hearken, attend to.
hęrd, †hard, *aj.* hard.
hęrde, *av.* violently.
hęrd-ihęorted, *aj.* (*prt. ptc.*) hard-hearted.
hęrdschipe, *sn.* hardship.
†here, *see* heore.
hęre, *s.* haircloth.
i hēren, *wv.* hear.
here-wōrd, *s.* renown.
hęrmien, *wv.* injure.
hęste, *s.* command.
†hēt = hē it.
†hete, *s.* hate.
hęte, *s.* heat.
hetel, *aj.* hostile, threatening.
†hęþeliȝ, *av.* scornfully.
hęþen, *aj.* heathen.
†hīden, *wv.* hide.
hider-tō, *av.* hitherto.
hīen, *wv.* hie, hasten.
him, *prn.* him.
hīrd, *s.* retinue, court.
hire, *prn.* her.
his, *prn.* his.
hit, †it, *prn.* it.
hoker, *s.* contempt, disdain.
hǫl, *aj.* whole, sound.
i hǫl, *aj.* entire, sound.
hǫld, *s.* restraint.
hǫlden, *sv.* hold, keep; consider.
hǫli, *aj.* holy.
holpen, *see* helpen.
hom(m), *s.* ham.
hǫnd, *sf.* hand.
hǫngen, *vb.* hang.
hope, *s.* hope.
hopien, *wv.* hope.
hore, *see* heore.
hors, *s.* horse.
hǫt, *aj.* hot.
hū, hwū, *av.* how.
hūde, *s.* hide.
hūnd, *sm.* dog.
hundred, *num.* hundred.
hunger, *s.* hunger.
huntien, *wv.* hunt.
hūre, *av.* 'h. & h.' at least, any how.
hūre, huire, *s.* hire, wages.

hūren, *wv.* hire.
*hürt, *sn.* hurt.
*hürten, *wv.* hurt.
hūs, *s.* house.
hūse-wīf, *s.* mistress of a house, housekeeper.
†whanne, *see* hwon.
hwar, †whǣr, *av.* where. 'whǣr se,' wherever.
hware-vore, *av.* wherefore.
hwar-tō, *av.* to what purpose, wherefore.
hwat, *prn., aj., interj.* what, which, lo! 'what se,' whatever. 'for what,' wherefore.
whǣr, *see* hwar.
hwẹ̄te, *sm.* wheat.
hwẹþer, *prn.* which (of two). 'h. se,' whichever of the two.
hwī, *av.* why. 'vor h.' wherefore, why.
whilc, *see* hwüch.
†iwhilc, *prn.* each.
hwǭ, *prn.* who. 'hwǭ se,' whoever.
hwon(n), †whanne, *cj.* when; since. 'whann se,' whenever.
hwū, *see* hū.
hwüch, †whilc, *prn., aj.* of what sort, of what kind, which.
hwüder, *av.* whither. 'hw. sǭ,' wherever.
hwūle, *s.* while, time. 'sume hw.' sometimes. 'þēo (þe) hw. þet,' while.

Ī, *see* ich.
ī, *see* in.
ich, ī, †ic, *prn.* I.
ichülle = ich wülle.
īdel, *aj.* vain, useless. 'on īdel,' in vain.
†ilk, *prn.* each.
ilke, *prn.* same.
in, ī, *prp., av.* in.
ine, *prp.* in.
inne, *av.* in. *superl.* †inrest, innermost.
†inseʒles, *spl.* seals.
†in-til, *prp.* into, to.

in-tō, *prp.* into.
inward, *aj.* inward.
inwardliche, inwardlīke, inwardlīʒ, *av.* inwardly, sincerely.
īren, *sn.* iron.
īren, *aj.* iron.
is, *see* bēon.
†Jūdisk, *aj.* Jewish.
jüǵǵen, *wv.* judge.

†Lāc, *s.* gift, offering, sacrifice.
†lāf, *s.* loaf.
†lāken, *wv.* offer sacrifice to.
†lāng, *aj.* dependant (on), owing (to).
*large, *aj.* liberal.
†lār-spell, *s.* doctrine.
last, *aj., superl.* 'a last,' finally. 'atte laste,' at last.
†lāte, *s.* manner, behaviour.
†lāten, *wv.* bear oneself.
latere, *av. comp.* later.
†latīn, *aj.* Latin.
lawe, *s.* law.
lēde, *see* lēode.
lẹden, *s.* language.
lẹ̄den, *wv.* lead; *refl.* conduct oneself.
lẹ̄ve, *s.* leave.
†lǣfe, *s.* belief, faith.
lẹ̄ven, *wv.* leave.
ilēven, *wv.* believe.
lẹfdi, *sf.* lady.
leǵǵen, *wv.* lay, lay eggs.
†lẹ̄ʒhen, *see* līen.
lẹi, *see* liǵǵen.
leinten, *s.* spring, Lent.
lēiten, *wv.* flame.
†lǣn, *s.* reward.
lẹ̄ne, *aj.* lean.
†lēnen, *wv.* entrust with.
†lēode, lēde, *spl.* people.
lēof, *aj.* dear.
lēof-mon(n), *smf.* sweetheart, beloved (applied only to women).
leornien, *wv.* learn.
leorning-cniht, *sm.* disciple.
lēosen, *sv.* lose.
lẹ̄ren, *wv.* teach. 'ilẹ̄red, †lǣred,'

learned; ' wel - ilẹred,' well - in-
formed.
*lescūn, *sn.* lesson.
lēsen, †lēosen, *wv.* loosen, release,
redeem. ' l. up,' open.
lẹsse, *aj. comp.*, *av.* less.
lẹste, *aj.* lest.
ıˌlẹsten, *wv.* last.
lēten, †lǣten, *wv.* let, permit ;
think, judge.
leþer, *sn.* leather.
*lettres, *spl.* letters.
lēūn, *s.* lion.
†lǣwed, *aj.* lay.
līkien, *wv.* please.
†licnes, *s.* likeness.
ıˌlīch, *aj.* like.
līcome, *s.* body.
līcomlich, *aj.* bodily.
līc-wurþe, *aj.* acceptable.
līen, *sv.* lie, tell untruth.
līf, *s.* life. ' lives,' in life, when alive.
liveneþ, *s.* sustenance.
liġġen, *sv.* lie.
liht, *aj.* light, easy.
lihtliche, *av.* easily ; for a low price.
lim, *s.* limb.
limpen, *sv.* belong.
†listen, *wv.* listen.
līþ, *see* liġġen.
līþe, *aj.* gentle.
lō, *interj.* lo ! behold !
lǫverd, *sm.* lord.
loken, *see* lūken.
lōkien, *wv* look ; take care.
lǫdlich, *aj.* hateful. *superl.* lǫd-
lūkest.
lof, *s.* praise.
lofen, *wv.* praise.
lǫmb, *s.* lamb.
lōme, *s.* tool, instrument.
lǫnd, *s.* land, country.
lǫng, *aj.* long.
lǫnge, *av.* long, for a long time.
lǫre, *s.* teaching ; doctrine.
lǫþ, *aj.* hateful.
lǫuw, *aj.* low.
lūken, *sv.* shut, enclose.
luve, *sf.* love.
luve-glẹm, *s.* love-gleam.

luveliche, *av.* lovingly.
luvien, *wv.* love.
luve-wurþe, *aj.* worthy of love.
lust, *s.* desire.
lüsten, *wv. impers.* please ; desire.
lüt, *av.*, *aj.*, *sb.* little, few.
lütel, lüte, †lītel, *aj.*, *av.*, *sb.* little,
few. ' a lüte wiht,' a little, some-
what.
lūten, *sv.* bow, bow to.
lüþer, *aj.* worthless, base, bad,
wicked.

Make, †macche, *s.* mate.
makien, *wv.* make ; make neces-
sary, cause.
†maჳ, *see* mẹi.
†maht, *see* miht.
†manīჳ-hwat, *prn.* many a thing.
†man-kin(n), *s.* mankind.
maþelien, *wv.* talk, babble.
maþelunge, *s.* idle talk.
me, *prn. indef.* one, they.
me, *cj.* but ; and.
mē, *prn.* me.
mēde, *s.* reward.
mẹi, †maჳ, *swv.* can ; may.
mẹiden, *s.* maid, servant.
*meister, *sm.* master, teacher.
*meistrīe, *s.* mastery, superiority ;
great deed.
mele, *s.* meal.
men, *see* mon.
†mēnen, *wv.* mean, signify.
†menniscleჳc, *s.* human nature.
†menniscnesse, *s.* human nature.
†mēoc, *aj.* meek.
†mēocleჳc, *s.* meekness.
†mēoclīke, mēoclīჳ, *av.* meekly.
*mercēr, *sm.* merchant.
*merci, *s.* mercy.
merke, *s.* mark.
*messaġēr, *sm.* messenger.
†messe, *s.* mass.
†messe-bōc, *s.* mass-book.
mẹst, *aj.*, *av.* most.
*mester, *s.* office.
*mesūre, *s.* measure, moderation.
mete, *s.* food, meals.
†mēten, *wv.* paint, depict.

mid, *prp.* with.
mide, *av.* with.
miht, *vb.*, *see* mẹi.
miht, †maht, *s.* might.
mihti, *aj.* mighty.
milce, *s.* pity, mercy.
milcen, *wv.* pity, have mercy.
mīlde, *aj.* mild, gentle.
mild-heortnesse, *s.* gentleness,
  mercy.
†mīld-hertleȝc, *s.* mercy.
mīn, *prn.* my, mine.
†minstre, *s.* temple.
†minstre-dure, *s.* temple-door.
*mirācle, *s.* miracle.
mis-dẹde, *s.* injury.
mis-dōn, *sv.* injure.
mis-lẹven, *wv.* disbelieve.
mislich, *aj.* various.
mis-sawe, *s.* slander.
missen, *wv.* miss, lose.
mis-siġġen, *wv.* slander.
mit, *see* mid.
mọ̄, *aj.*, *sb.* more *plural.*
mōder, *sf.* mother.
†mōdīȝleȝc, *s.* pride.
†mōdīȝlīke, mōdilīȝ, *av.* proudly.
†mōdīȝnesse, *s.* pride.
mon(n), *sm.* man, person.
mọ̄ne, *s.* complaint.
mọ̄ng, *sn.* mingling.
monglunge, *s.* mingling.
moni, *aj.* many, many a one.
moni-vọ̄ld, *aj.* manifold.
monivọ̄lden, *wv.* multiply.
mọ̄re, *aj.*, *av.* more *sg.* 'na m.' no
  more *av.*
mōt, *swv.* may, must.
mọ̄we, *sf.* kinswoman.
müchel, müche, müch, †mikel,
  aj., *av.*, *sb.* great, much, very.
mühte, *see* mẹi.
mülne, *sf.* mill.
münd, protection.
münegunge, *s.* commemoration,
  remembrance.
murcnen, *wv.* murmur.
müri, *aj.* merry, cheerful.
mūþ, *sm.* mouth.
muwe, *see* mẹi.

Nabben = ne habben.
naveþ = ne haveþ.
†naȝlen, *wv.* nail.
nam = ne am.
ne, *av.*, *cj.* not; nor.
neb(b), *s.* face.
nẹddre, *s.* serpent.
nēde, *av.* needs.
nēden, *wv.* compel, drive.
nēih, †nēh, *aj.*, *av.* near, nearly.
  cp. nēorre. *superl.* †nēst.
nẹil, *s.* nail.
nẹlde, *s.* needle; pin.
nemnen, *wv.* name.
nẹnne, *see* nọ̄n.
*neoces, *spl.* wedding.
nēod, *s.* need.
nēodful, *aj.* zealous.
nēorre, *see* nēih.
nẹre = ne wẹre.
nẹruh, *aj.* narrow.
nẹs = ne wẹs.
†nesshe, *aj.* soft.
†nesshen, *wv.* soften.
nēst, *see* nēih.
nẹvere, nẹver, *av.* never.
†niȝhen, *num.* nine.
niht, *s.* night.
nimen, *sv.* take.
nīþ, *s.* malice, hatred.
nīþful, *aj.* malicious.
nọ̄, *see* nọ̄n.
*nọ̄ble, *aj.* noble.
noht, *see* nọ̄ut.
*noise, *s.* noise.
nolde = ne wolde.
nome, *s.* name.
nomeliche, *av.* namely.
nọ̄n, nọ̄, *prn.* none, no; no one.
nọ̄-þe-lẹs, *av.* nevertheless.
nọ̄u-hware, †nowwhar, *av.* no-
  where.
nọ̄ut, †noht, *av.* not.
nọ̄uþer, *av.* neither.
nüle = ne wüle.
*i*numen, *see* nimen.

Ọ̄, *see* ọ̄n.
ō, *see* on.
of, *prp.* from, of; about, concerning.

of-drawen, *sv.* attract.
of-drẹd, *prt. ptc.* afraid.
over, *prp.* over, above. ' o. al,'
  everywhere.
over-cumen, *sv.* overcome; surpass.
over-gọn, *sv.* pass away, pass over;
  surpass.
over-ürn, *s.* course, speed.
over-weien, *vb.* outweigh.
†ofer-werc, *s.* overwork.
of-gọn, *sv.* seek; win.
†offren, *wv.* offer, sacrifice.
ofte, *av.* often.
ofte-sīþe(n), *av.* often.
of-þünchen, *wv.* repent.
ọld, *aj.* old.
ọluhnen, *wv.* flatter.
on, ọ, an, †onne (*av.*), *prp.* on;
  in; against.
ọn, *aj., sb.* one; an, a. ' an ọn,' forth-
  with. ' ọne,' alone.
ọne, *av.* only.
on-fōn, *av.* take, receive, suffer.
on-swerien, *wv.* answer.
on-tĕnden, *wv.* kindle.
ontful, *aj.* envious.
on-ward, *prp.* towards.
ọn-wil(l), *aj.* obstinate.
open, *aj.* open.
openien, *wv.* open.
openliche, *av.* openly.
ọre, *s.* grace, mercy.
*ordre, *s.* religious order.
ōþer, *aj., prn.* second; other.
ọþer, *av., cj.* or. ' ọþer .. ọþer,'
  either .. or.
ōþer-hwūles, *av.* at other times,
  sometimes.
ōu, *prn.* you.
ọuh, *see* ọwen.
ọut, *prn.* anything.
ọwen, *aj.* own.
ọwen, *swv.* owe; ought, have to.
ōwer, *prn.* your.
oxe, *s.* ox.

*Paien, *wv.* pay.
*parais, *s.* paradise.
*parlūr, *s.* parlour.
*parten, *wv.* part, depart.

*passen, *wv.* pass; surpass.
*passiūn, *s.* suffering, passion.
*patriark, *sm.* patriarch.
*peintunge, *s.* painting.
*pellicān, *sn.* pelican.
*peoddare, *sm.* pedlar.
*person, *s.* person.
pīne, *s.* pain, torment.
pīnen, *wv.* torment, mortify.
pīnunge, *s.* pain, tormenting.
pleien, *wv.* play.
*pọvre, *aj.* poor.
ponewes, *spl.* pence, money.
†postel, *sm.* apostle.
*prẹchen, *wv.* preach.
*preisen, *wv.* praise.
*prēoven, *wv.* prove.
prēost, *sm.* priest.
†primseẓnen, *wv.* make a cate-
  chumen.
*prīs, *s.* price; praise, estimation.
*prophēte, *sm.* prophet.
psalm-würhte, *sm.* (psalm-wright),
  psalmist.
puf(f), *s.* puff.
puffen, *wv.* puff, blow.
pūnden, *wv.* shut up, impound.
*purgatōrie, *s.* purgatory.

†Ran, *see* ürnen.
†rās, *see* rīsen.
rāþ, *see* rẹd.
raþer, *av. comp.* quicker, more
  readily.
*raunsūn, *s.* ransom.
†rēcle-fat, *s.* censer.
†rēcles, *s.* incense.
†rēcles-smēc, *s.* incense-smoke.
rẹd, †rāþ, *s.* advice, counsel.
rẹd, *aj.* red.
rẹden, *wv.* advise.
rẹden, †rēden, *wv.* read.
rẹvien, *wv.* bereave, rob.
†reẓhel-bōc, *s.* rule-book, book of
  canons.
*reisūn, *s.* reason.
*reliġiūn, *s.* religion.
*reliġiūs, *aj., sb.* religious; member
  of religious order, monk, nun.
*remedīe, *s.* remedy.

rīche, s. kingdom.
rīche, aj. rich.
riht, aj., av. right; rightly, correctly; just, quite.
riht, s. right, justice.
†riht-biȝeten, aj. (prt. ptc.) rightly acquired.
rihtwīsnesse, sf. righteousness.
rīm, s. number; metre.
†rīsen, sv. rise.
*riwle, s. rule, direction.
rōd, sf. cross.
rōde-trēo, s. cross.
irōted, aj. (prt. ptc.) rooted.
rūh, aj. rough.
rüne, s. running, flow.
rūwe, see rūh.

Sake, s. dispute; guilt.
sakelēs, saklēs, aj. innocent.
*sacrament, s. sacrament.
†sah, see sēon.
†saht, aj. at peace, reconciled.
*salve, s. remedy.
salt, s. salt.
*salūz, s. salvation.
†samen, av. together.
†samnen, wv. gather, collect.
†sam-tale, aj. agreed.
†skēt, aj., av. quick, soon.
†skil, s. understanding, discernment.
schal, swv. shall.
schelchīne, sf. slave.
schēld, sn. shield.
schendful, aj. ignominious.
schēne, aj. beautiful.
scheomeful, aj. shameful.
scheortliche, av. briefly.
schēp, s. sheep.
scherp, aj. sharp.
schēwen, wv. show.
schilden, wv. shield, defend.
schīr, aj. clear, pure.
schīren, wv. clear, purify.
schīrnesse, s. clearness, purity.
schrīven, sv. confess.
schrift, s. confession.
schrūden, wv. clothe.
schule, schulde, see schal.
†scorncen, wv. scorch.

†screnken, wv. supplant.
se, see swǫ.
sē, seea, s. sea.
sēchen, †sēken, wv. seek.
seggen, see siggen.
sēiht, s. peace.
sēihtnesse, s. peace.
*seint, *sein, aj. saint.
seld-cēne, aj. seldom seen, rare.
selde, av. seldom.
seld-spēche, s. taciturnity.
sēluhþe, s. happiness.
*semblaunt, s. appearance.
sēmen, wv. seem.
sēnden, wv. send.
†seofen, †sefen, seove, num. seven.
seovepe, †sefende, aj. seventh.
seove-vǫld, †sefenfāld, aj. sevenfold.
seolver, s. silver.
isēon, †sēon, †sēn, sv. see.
*serven, wv. serve.
*servīse, s. service.
†serȝhen, wv. sorrow.
sēt, sēten, see sitten.
setten, wv. set, put; appoint; compose.
†sextīȝ, num. sixty.
†shǣd, s. discernment.
†shǣden, sv. separate.
†shǣf, s. sheaf.
†shaft, s. creature, thing.
†shapen, sv. create, form.
†shōp, see shapen.
sīk, aj. sick, ill.
*sikel, s. shekel.
siker, aj. secure.
sikerliche, av. surely.
sīde, s. side.
siggen, †seggen, wv. say, speak, recite.
*silence, s. silence.
†sinden, vb. are.
sīngen, sv. sing.
*singnes, spl. signs.
sitten, sv. sit.
sīþ, s. time.
sippen, av. afterwards, since.
slēn, sv. slay, kill.

sliddri, *aj.* slippery.
slīden, *sv.* slide.
slīt, *see* slīden.
†slōp, *s.* track.
slōuh, *see* slēn.
†smac, *s.* taste.
smēc, *s.* smoke.
†smeren, *wv.* besmear.
smēþe, *aj.* smooth.
smīten, *sv.* smite.
smiþ, *sm.* smith, carpenter.
†snāþ, *see* snīþen.
snīþen, *sv.* kill.
sǭ, se, †swā, *av.* so, as. 'swā sum,' as.
softe, *aj.* gentle, soft.
somed, *av.* together.
sǭnd, *s.* a thing sent, message; messenger.
sǭndes-mon(n), *sm.* messenger, ambassador.
sōne, *av.* forthwith; quickly, soon.
sǭpe, *s.* soap.
sǭr, *s.* pain.
sǭri, *aj.* sorry.
sot, *aj.* foolish.
sōþ, *aj., sb.* true; truth. 'for sōþe,' for a certainty. 'tō fulle sōþ,' in full truth.
†sōþfast, *aj.* true.
sǭule, †sāwle, *s.* soul.
spade, *s.* spade.
spēc, *see* speken.
speken, *sv.* speak.
†spǣken, *see* speken.
spēche, †spǣche, *s.* speech; language.
spēden, *wv.* succeed.
spel(l), *s.* story.
spelien, *wv.* stand for, represent.
spellen, *wv.* tell, proclaim, preach.
spēowen, *sv.* vomit.
sperren, *wv.* shut, close.
spēten, *wv.* spit.
*spīce, *s.* spice.
sprēden, *wv.* spread.
*spūse, *s.* spouse, bride.
†stāh, *see* stīen.
stalewardliche, *av.* resolutely.
†starc, *aj.* stiff, firm, severe.

stede, *see* stüde.
†stedefast, *aj.* steadfast.
stefne, *sf.* voice.
stēnen, *wv.* stone.
stēoren, *wv.* steer, direct.
stī, *s.* stye.
stīen, †stīghen, *sv.* ascend; descend.
stille, *aj.* still, quiet, silent.
stinken, *sv.* stink.
†stinch, *s.* stench.
stingen, *sv.* sting.
stī-ward, *sm.* steward.
stok, *s.* place.
stǭn, *s.* stone.
stǭnden, †standen, *sv.* stand, subsist, be. 'standen in,' persevere, continue.
stoppen, *wv.* stop.
strecchen, *wv.* stretch.
†strenken, *wv.* sprinkle.
†strencles, *s.* sprinkling.
strencþe, *s.* strength, force, violence; compulsion.
strencþen, *wv.* strengthen.
strēonen, *wv.* beget.
*strīven, *sv.* strive, vie.
*strōf, *see* strīven.
strǭng, *aj.* strong.
stüde, †stede, *s.* place.
stünde, *sf.* time.
*sukurs, *s.* help.
sülien, *wv.* soil, defile.
sülf, †self, *prn.* self.
süllen, *wv.* sell.
suluh, *s.* plough.
sum, *prn., av.* some, some one, a certain one, many a (one).
†sum, *av.* as.
sum-hwat, *prn.* somewhat, something.
sune, *sm.* son.
sünegen, *wv.* sin.
sünful, *aj.* sinful.
sunne, *s.* sun.
sünne, *s.* sin.
süster, *sf.* sister.
†swāt, *s.* sweat.
†swā-þehh, *av.* however.
swēmen, *wv.* grieve, vex.

swenġe, *s.* stroke, blow.
sweord, *s.* sword.
swēore, *s.* neck.
swerien, *sv.* swear.
swēte, *aj.* sweet.
swēteliche,†swētlīke,*av.*sweetly, graciously.
swēten, *wv.* sweeten.
swiftschipe, *s.* swiftness.
swilc, *see* swüch.
swīn, *s.* hog, swine.
swinc, *s.* labour, toil.
swīþ-wike, *s.* holy week (?).
swōte, *aj.* sweet.
swōte-iheorted, *aj.* (*prt. ptc.*) sweet-hearted.
swōtnesse, *s.* sweetness.
swüch, †swilc,*prn.*such,such a one.
swüþe, *av.* strongly, very.

†Taken, *sv.* take, receive, suffer.
†tācnen, *wv.* signify.
†tahte, *see* tēchen.
tale, *s.* talk.
tat, *see* þet.
te, *see* tō.
te, *see* þe.
tēchen, *wv.* teach.
tēke(n), *av.* besides, moreover.
tēlen, *wv.* blame.
tellen, *wv.* tell, account, estimate.
*temptaciün, *s.* temptation.
tēonen, *wv.* vex.
teonne, *see* þeonne.
*testament, *s.* testament.
tet, *see* þet.
†til, *prp.* to, till.
tilien, *wv.* till.
tilþe, *s.* cultivation.
timbrien, *wv.* build, prepare, make.
timbrunge, *s.* building.
tīme, *s.* time.
tisse, *see* þis.
tīþinge, †tīþende, *s.* tidings.
tō, te, *prp., av.* to.
tō, *av.* too.
tō-blōwen, *sv.* blow away.
tō-bollen, *aj.* (*prt. ptc.*) displeased.
tō-breken, *sv.* break.
tōc, *see* taken.

tō-drawen, *sv.* tear apart.
tō-vlēoten, *sv.* flow away.
tō-gęderes, *av.* together.
tō-ȝeines, *av.* towards.
tōlde, *see* tellen.
†tō-skeȝren, *wv.* scatter.
tō-treden, *sv.* trample.
tō-twęmen, *wv.* separate.
tōu-ward, *prp.* towards, to.
treden, *sv.* tread.
trēo, trēou, *sn.* tree; wood, piece of wood.
trēowe, *aj.* faithful.
*tresor, *s.* treasury.
†trowþe, *s.* faith.
†trowwen, *wv.* believe.
trükien, *wv.* fail.
trūsti, *aj.* trusting.
tu, *see* þū.
tūkien, *wv.*
tūn, *s.* farm.
tūnen, *wv.* shut, close.
tünge, *s.* tongue.
*turn, *s.* trick.
*turnement, *s.* tournament.
türnen, *wv.* turn.
turtle, *s.* turtle-dove.
tütel, *s.* mouth.
†tweȝȝen, *see* twō.
twīe(s), twiȝȝes, *av.* twice.
twinne, *aj., num.* double, two.
twinnen, *wv.* divide, separate.
twinnunge, *s.* separation.
twō, *num.* two.

þauh, †þoh, †þeh, *av., cj.* though, although, however. ' as þauh, as if. ' þoh þat,' though. ' þoh swā þeh,' nevertheless.
þe (*prn.*), *def. art.* the. ' vor þī,' therefore. ' þes te bettre,' all the better.
þē, þe, *prn. rel.* who. ' þē þet,' he who.
þe, *av. with compar.* the.
þē, *prn.* thee.
†þeȝ, †þeȝm, †þeȝre, *see* hē.
þen, *see* þe (*art.*).
þen, þene, *av.* than.
þenchen, *wv.* think, consider.

þeo, see þe (*art.*), þe (*prn. rel.*).
þēo, see þō.
þēode, þēd, *s.* people.
þeonne, *av.* then ; when.
þeorf, *aj.* unleavened.
þēos, see þis.
þēoten, *sv.* howl.
†þeow, *sm.* servant.
†þeowten, *wv.* serve.
þēr, þēre, *av.*, *cj.* there ; where.
  ' þēr ase,' where.
†þerfling, *aj.* unleavened.
þes, see se (*art.*).
þęt, *prn.*, *art.*, *cj.* that, the ; who,
  which, what ; because. ' mid tęt
  þęt,' when.
†þeþen, *av.* thence.
þēw, *s.* behaviour, custom ; ' gōde
  þēwes,' virtues.
þī, see þīn.
þider-ward, *av.* thither.
†þīld, *s.* patience.
†þīldelīȝ, *av.* patiently.
þīn, þī, *prn.* thine.
þīng, *s.* thing. ' vor nǫne þinge,' on
  no account.
þis, *prn.* this.
þǭ, þēo, *av.*, *cj.* then, when.
þoht, see þouht.
þole-mōd, *aj.* patient.
þolien, *wv.* suffer, endure.
þonkien, *wv.* thank.
þouht, †þoht, *s.* thought, remem-
  brance.
þouhte, †þohte, see þenchen.
þrēo, *num.* three.
†þresshen, *sv.* thresh.
þridde, *aj.* third.
†þrinne, *aj.*, *num.* threefold, three.
†þrist, *s.* thirst.
†þrosshen, see þresshen.
þū, *prn.* thou.
þuhte, see þünchen.
þünchen, *wv.* seem.
þurh, *prp.* through ; by (*of agent*).
þurh-lōken, *wv.* look through,
  examine.
†þurh-sēken, *wv.* seek through,
  examine.
þürl, *s.* hole ; window.

þürlen, *wv.* pierce.
þürlunge, *s.* piercing.
þus, *av.* thus.
þūsund, †þūsende, *s.* thousand.
þwert-over, *av.* across.
þwert-ūt, þweortūt, *av.* entirely.

Ūvel, †ifel, *aj.*, *s.* evil, bad ; disease.
†umbe, umben, *prp.*, *av.* about,
  concerning. ' bēn umben,' be oc-
  cupied with.
†umbe-þenken, *wv.* consider.
ümbri-dawes, *spl.* Ember days.
†un-bermed, *aj.* (*prt. ptc.*) un-
  leavened.
†unc, †unker, *prn.* us two, of us
  two.
un-clęne, *aj.* unclean.
un-clęnnesse, *s.* uncleanness.
un-cwēme, *aj.* unacceptable.
under, *prp.* under.
under-vōn, †underfangen, *sv.*
  accept, receive.
under-prēost, *sm.* under-priest.
under-stǫnden, *sv.* understand.
under-tīd, *s.* morning-time ; time
  of the morning service (about 9
  A.M.).
un-dęþlich, *aj.* immortal.
un-ēndeliche, *av.* infinitely.
*ūnicorne, *s.* unicorn.
un-imēte, *av.* immeasurably.
un-imēteliche, *av.* immeasurably.
un-isēle, *aj.* unhappy.
un-mēþschipe, *s.* want of modera-
  tion.
†un-nit(t), *aj.* useless. ' on u.'
  uselessly, to no purpose.
un-pīned, *aj.* (*prt. ptc.*) unpunished,
  uninjured.
un-rechelēs, *aj.* heedless, indif-
  ferent.
†un-seolþe, unselþe, *s.* unhappi-
  ness.
†un-skaþeful, *aj.* innocent.
†un-shaþiȝnesse, *s.* innocence.
*un-stāble, *aj.* unstable.
un-til, *prp.*, *av.* unto, until.
un-þēu, *s.* vice, fault.
un-þonkes, *av.* involuntarily.

un-wīs, *aj.* unwise.
un-wrēst, *aj.* base, worthless, wicked.
un-wrēsteliche, *av.* wickedly.
up, *av.* up.
up-on, upo, uppen, uppe, †uppon, uppo, *prn.*, *av.* upon, on, in, above.
up-riht, *aj.*, *av.* upright.
up-ward, upwardes, *av.* upwards.
ūre, *prn.* our.
*ūres, *pl.* hours, times for prayer.
ürnen, †ēornen, *sv.* run.
us, *prn.* us.
ūt, *av.* out. *comp.* 'uttre,' outer.
ūt-cūme, *s.* coming out, exit.
ūt-ward, *av.* outwards.

V, *see under* f.

Waden, *sv.* wade.
†wāзhe-rift, *s.* wall-cloth, curtain.
†wāh, †wāзhe, *s.* wall.
wal(l), *s.* wall.
†wāld, *s.* power.
wallen, *sv.* boil.
*i*war(r), *aj.* cautious.
ward, *s.* guard.
ware, *s.* wares.
warien, *wv.* curse.
wari-trēo, *s.* gallows.
warþ, *see* wurþen.
was, *see* bēon.
†wasshen, *sv.* wash.
water, *s.* water.
†water-kin(n), *s.* nature of water.
waxen, *sv.* grow, increase.
†wecche, *s.* watching.
wed(d), *s.* pledge, security.
*i*wedded, *aj.* (*prt. ptc.*) wedded.
wei, *sm.* way. 'þisses weis,' in this way. 'summes weis,' to some extent. 'nōne(s) weis,' in no way.
wēie, *s.* balance.
wel, †wēl, *av.* well; indeed, in truth.
wēlden, *wv.* possess; win.
wel-iset(t), *aj.* (*prt. ptc.*) well-arranged, suitable.
wē̆-mōd, *av.* peevish.

wenden, *wv.* turn, go; change; translate.
wēne, *s.* distress.
wēnen, *wv.* think, expect.
weole, *s.* prosperity, wealth.
wēoþ-mon(n), *sm.* male, man.
weore, *see* wer.
weoreld, *see* world.
†weoreldshipe, *s.* worldliness.
*weorre, *s.* war.
*weorrien, *wv.* make war; harass with war.
wer, *sm.* man.
werc, *s.* action, work.
wēre, *see* bēon.
werien, *wv.* defend, guard.
wзrien, *wv.* wear (clothes).
wзrp, werpen, *see* worpen.
†wesh, *see* wasshen.
†weste, *s.* wilderness.
†weste, *aj.* desert.
wēte, *s.* moisture.
wh-, *see* hw-.
wike, *s.* week.
†wīken, *s.* office, charge.
wīf, *s.* woman.
wiht, *s.* being, thing. 'a lüte wiht,' *av.* a little.
wīlde, *aj.* wild.
wilen, *see* wüllen.
wilkume, welcome.
wille, *s.* will.
willeliche, *av.* voluntarily.
willes, *av.* voluntarily.
wilnien, *wv.* desire.
wilt, *see* wüllen.
wīn, *s.* wine.
wīnd, *s.* wind.
windwen, *wv.* winnow.
winnen, *sv.* win, gain.
(*i*)wis(s), *aj.*, *av.* certain, certainly.
wīs, *aj.* wise.
wīs-iwōrded, *aj.* (*prt. ptc.*) wise of words.
wīse, *s.* way, manner.
†wislike, *av.* certainly.
†wit, *prn.* we two.
wit(t), *s.* wit, sense.
(*i*)witen, *swv.* know, learn, enquire; guard, take charge of; beware of.

witnesse, s. witness.
witnien, wv. bear witness, testify.
witterliche, †witerlīke, av. truly, verily.
witunge, s. guarding.
wiþ, prp. against.
wiþ-hōlden, sv. withhold.
wiþ-inne(n), prp., av. within.
†wiþren, wv. resist.
wiþ-ūte(n), prp., av., cj. outside; without; except.
wlātien, wv. feel nausea, loathe.
wlęch, aj. lukewarm.
wlite, s. beauty.
wō, sn. woe.
wǫc, aj. weak.
wǫcnesse, s. weakness.
wōd, aj. mad, raging.
wōdnes-dęi, s. Wednesday.
wōdschipe, s. madness.
wōh, see wōuh.
wolde, see wüllen.
wǫmbe, s. stomach; womb.
wone, s. want.
wonten, wv. be wanting.
wōrd, s. word.
wōrien, wv. disturb.
world, †weoreld, sm. world.
worldlich, †weoreldlic, aj. worldly.
worpen, †werpen, sv. throw.
wǫt, see witen.
wōuh, †wōh, aj., sb. perverse, wrong; perversity.
wōuhlecchunge, s. courtship.
wōware, sm. wooer.
wōwen, wv. woo.
wrastlen, wv. wrestle.

wraþþe, see wręþþe.
wrecche, sm. wretch.
wrecche, aj. wretched.
wręche, s. vengeance, punishment.
wrēih, see wrīen.
wręþful, aj. wrathful.
wręþþe, †wraþþe, s. wrath, anger.
wrīen, sv. cover, hide.
†wrihte, s. desert, merit.
write, s. writing, Scripture.
wrīten, sv. write, transcribe.
wrītunge, s. writing.
wrōþ, aj. angry.
wrouhte, see würchen.
wude, s. wood; fuel.
wüle, see wüllen.
wulf, sm. wolf.
wülvene, s. she-wolf.
wüllen, †wilen, vb. will, desire.
wümmon, smf. woman.
wūnde, s, wound.
wūnden, wv. wound.
wunder, s. wonder. 'tō wundre,' cruelly, disastrously.
wunien, wv. dwell; be accustomed. 'iwuned,' accustomed.
wünne, s. joy.
wunnunge, s. habitation.
würchen, wv. work, do.
wurpe, see worpen.
wurþ, aj., s. worth.
iwurþen, wurþen, sv. become, happen. 'lēt hine iwurþen,' let him do as he likes.
†wurþlīke, av. worthily, reverently.
wurþschipe, s. worship, honour.
wüste, wüteþ, see witen.

CPSIA information can be obtained at www.ICGtesting.com
Printed in the USA
BVOW07s1130120813

328218BV00001B/9/A